Mechthild Geue
Der Spur des Atems folgen

T0145926

Der Spur des Atems folgen

Erfahrungen mit kontemplativer
Atemtherapie

von

Mechthild Geue

forum zeitpunkt
Reichert Verlag Wiesbaden 2008

Umschlagabbildung: Martine Metzing-Peyre
„Frauen am Wasser". Tusche auf Papier
Foto: Ralf Rautenberg
Gedicht Buchrückseite: Mechthild Geue

Um Verwechslungen (bei großer inhaltlicher Nähe) auszuschließen,
weisen wir darauf hin, dass unter dem Titel „Der Spur des Atems folgen"
bereits seit einigen Jahren von Anne Müller-Pleuss Seminare
in Frechen bei Köln angeboten werden (www.muellerpleuss.de).

Bibliografische Information Der Deutschen Bibliothek
Die Deutsche Bibliothek verzeichnet diese Publikation in der
Deutschen Nationalbibliografie; detaillierte bibliografische Daten sind im Internet
über http://dnb.ddb.de abrufbar.

© zeitpunkt Musik. Forum zeitpunkt
Dr. Ludwig Reichert Verlag Wiesbaden 2008
ISBN: 978-3-89500-625-8
Alle Rechte vorbehalten.
Gedruckt auf alterungsbeständigem Papier mit neutralem pH-Wert.
Printed in Germany.

Inhalt

Auf den Spuren des Atems

Psychotherapie im Licht des Atems

Atem im Leben und Sterben

Atem der Welt

Zur Geschichte der Veening®-Atemarbeit Bettina von Waldthausen

Literatur

Herzlichen Dank an

Vorwort

Das hier vorliegende Buch ist mir eine große Freude, beschreibt doch der Text sehr klar und tiefgründig den kontemplativen Atemübungsweg in all seinen Facetten. Mögen die Leser im lebendigen Nachvollzug des persönlich erfahrenen und gelebten Atemwissens von Mechthild Geue Vertrauen gewinnen in die Offenheit des Lebens und seiner Prozesse, mögen sie sich ermutigt fühlen, hier und da vertraute Gewohnheiten und alte Lebensmuster loszulassen, um den Schritt in die Gegenwelt des Unbewußten zu wagen, wo sich das Leben mit all seinen Verstrickungen immer wieder neu konstelliert, Probleme relativieren oder einfach stehen gelassen werden können. Ich danke Mechthild Geue für den wundervollen Text.

Irmgard Lauscher-Koch im März 2007

Atemweise
bist du geworden
in der Wiege deiner Träume
die webten
zwischen Himmel und Erde
ein Netz
aus Barmherzigkeit
zu trocknen unsere Tränen
zu erden unsere Sehnsucht
damit wir Ruhe finden
und Atem
im sanften See aus Stille
und Liebe mit allem
was lebt
in mir und dir und uns

Von Mechthild Geue
für Irmgard Lauscher-Koch zum 70. Geburtstag

Vorwort

Es gibt bisher wenige Veröffentlichungen über die Wirklichkeit und die Wege des inneren seelischen Atems, wie sie in den Dreißiger Jahren von dem niederländischen Sänger Cornelis Veening erforscht und therapeutisch und lehrend weitergegeben wurden. Von ihm selbst gibt es drei Redemitschriften und einige erinnerte Zitate in Artikeln seiner WeggefährtInnen und SchülerInnen. Und tatsächlich ist es ein Erfahrungs- und persönlicher Entfaltungsweg, der sich nicht über das Lesen erschließen kann. „Komm und sieh, fühle und lausche. Nimm wahr, was es in dir zum Klingen bringt, und wie und was es bewirkt. Nur deine persönliche Erfahrung kann dir sagen, ob und wann dieser Weg für dich eine dir wichtige Lebensspur öffnen oder erweitern kann." So oder ähnlich könnten die Mund-zu-Mund-Einladungen gelautet haben, über die sich in einigen Jahrzehnten ein Netz von Menschen gebildet hat, die als Hilfesuchende, TherapeutInnen, SchülerInnen, LehrerInnen und ForscherInnen den Atemweg gingen.

Aus der unmittelbaren Atemerfahrung heraus ist in Therapien und vor allem in Seminaren das gesprochene Wort wichtig, um Verstehen zu entwickeln für das, was geschieht. Die Worte *über* die Atemarbeit, ihre Geschichte und ihre Pioniere sind aber so rar gesät, dass ich selbst immer gierig an den Worten meiner Lehrerinnen und Wegbegleiterinnen hing, wenn sie hin und wieder zu erzählen begannen. In dieser Weise nach Worten zu verlangen und sich wie ein Kind von ihnen beschenkt zu fühlen, ist in Zeiten der Wortüberfülle an sich schon eine Kostbarkeit.

Ich glaube, dass es – wie so oft drei Generationen später – an der Zeit ist, die Kostbarkeit der Atemweisheit Veenings und derjenigen, die diesen Weg weiterentwickelt haben, aus ihrer relativen Verborgenheit an etwas mehr Licht zu holen. In ihrer persönlichen Zugewandtheit und in ihrer feingewebten und offenen Struktur kann sie im Orchester meditativer und therapeutischer Suchbewegungen ein weitgehend unbekanntes Instrument zum Klingen bringen. Dieses Instrument vereint in sich die Klänge von Körperarbeit, Psychotherapie und kontemplativer Wegbegleitung. Für manche Menschen mag es das für sie persönlich authentisch Spielbare sein. Ich hoffe, dass für sie dieses Buch eine Spur sein kann, den Weg des inneren seelischen Atems für sich zu entdecken.

Vom Tanz zum Atem

Früher tanzte ich einfach auf der Straße oder auf internationalen Festen, wenn die Musik und die Atmosphäre dazu einluden. In den Siebziger Jahren gehörte dazu noch nicht allzu viel Mut. Beim Tanz auf einem südafrikanischen Solidaritätsfest entdeckte ich eine Lebendigkeit und Kraft in meinen Bewegungen, die mich ahnen ließen, dass Tanz mehr und anders sein kann, als ich es bisher kannte. Solche und ähnliche Erlebnisse weckten den Hunger nach mehr, doch es war nicht leicht, Orte zu finden, ihn zu stillen. Ich konnte das Eingezwängtwerden in feste Schrittfolgen nicht ertragen, mochte keinen Drill, wo ich Freude suchte, fiel außerdem über meine eigenen Füße, wenn ich mich zu bewegen versuchte, wie andere es von mir wollten, und manche Tanztrainings erschienen mir wie organisierte Körperverletzungen. Es machte mich glücklich, als ich in den Achtziger Jahren endlich Bewegungskurse fand, in denen Menschen dabei unterstützt wurden, ihr natürliches menschliches Bewegungsspektrum zu entfalten und zu erweitern. Bei einem dieser Kurse lernte ich – ebenfalls als Teilnehmerin – meine spätere Atemtherapeutin und Lehrerin Irmgard Lauscher-Koch kennen. Wir trafen uns Jahre später bei einer öffentlichen Aufführung wieder, bei der ich es gewagt hatte, meiner Tanzdarstellungslust zu folgen. Nach der Aufführung kam Irmgard zu mir, fasste mir liebevoll in meinen angststeifen Nacken und sagte: „Es wäre sehr gut für dich, eine Atemtherapie zu machen." Bis ich dann endlich den Weg zu ihr fand, war ich wieder einige Jahre älter und in einer persönlichen Krise, die mich zur Atemtherapie wie zu einem Strohhalm greifen ließ. Meine Angst ist mir seither nicht verloren gegangen, aber sie hat sich in berührenden Atem- und Körpererfahrungen und in der sie begleitenden Stille besänftigen können. Ich fand zu einer Körperlichkeit, wie ich sie mir nie hätte träumen lassen. Ein feines Bewegtsein tief im Inneren und eine dichte, aufrichtende und zugleich fedrige Anwesenheitskraft machen mir im Tanz und im Leben zunehmend eine persönliche Präsenz möglich, in der Außen und Innen, Seele und Körper zusammen schwingen können.

Atem im Schreiben

Schreiben ist für mich – wie das Tanzen – eine schöpferische Ausdrucksmöglichkeit, welche mir seit Jahrzehnten wichtig ist. Ich hatte mich darum gefreut, für meine Diplomarbeit innerhalb der atemtherapeutischen Ausbildung meine Wahrnehmungen und Erfahrungen in Sprache auszudrücken und dabei schreibend den Atemweg noch mehr zu beleuchten und zu erforschen. Ich verdanke das Schreiben z. T. dem Atem- und Tanzweg selbst. Vor allem die Tatsache, dass ich beim Schreiben nur noch sehr selten kalte Füße und einen heißen Kopf bekomme, ist die Frucht eines mit Körper und Seele mehr und mehr verbundenen Denkens. Die Gedanken kommen oft sogar wie Vögel, die mich kurz berühren und dann weiter fliegen.

Wie in einer Freundschaft oder Liebesbeziehung kann atmendes Denken und Schreiben immer nur ein Weg des Erkennens sein, dessen Ziel wir nicht kennen: Mich annähern, nahe sein und lauschen. Mich den Momenten überlassen, in denen ich das Gefühl habe, nichts zu wissen und niemals etwas über Atem, Körper und Seele gehört und gefühlt zu haben. Pause machen, weil ich nichts erzwingen kann, ohne dem, worum es geht, Gewalt anzutun. Aushalten, dass ich nicht weiß, wann die Pause zu Ende ist: Nicht wissen, ob mir jemals wieder ein Impuls kommt, um in der Entdeckungsreise weiterzugehen. Waches Warten. Bis der Impuls zum Weiterschreiben kommt. Den Mut finden, ihm nachzugehen. Mir dabei nicht in ängstlichem Eifer davon galoppieren. Nicht immer eine leichte Lebensübung. Sie ist wie das Mitschwingen im Rhythmus des Atems selbst und der immer wiederkehrenden Frage, ob ich ihm wirklich vertrauen kann.

Ich hoffe, dass ich die Leserinnen und Leser ein kleines Stück des Weges mit hinein nehmen kann in den Geist, die Räume und die Stille, in welche der lebendige seelische Atem uns führen kann.

Mir war es wichtig, einige der Menschen in Zitaten sprechen zu lassen, welche den hier beschriebenen Atemweg entdeckt und entfaltet haben und die ihm Geist und Leben geben. Auf Ergänzungen und Bestätigungen durch andere Literatur habe ich verzichtet. Auf diese Weise kann deutlich werden, dass der Atemweg keines anderen Systems bedarf, um sich zu begründen. Auch wenn es ähnliche Wahrnehmungen und Gedanken in anderen meditativen und/oder psychologischen Entfaltungswegen gibt, war es mir wichtig, die Weisheitsspur des Atems aus sich selbst heraus zu beschreiben. Dies schließt Austausch, Ergänzung und gegenseitige Befruchtung nicht aus.

Leider gibt es keine geschlechtsunspezifische deutsche Sprache. Ich habe mich meistens für die weibliche Sprachform entschieden aus dem einzigen Grund, weil ich eine Frau bin.

Atem und Seele

„Der innere Atem ist in seiner eigentlichen Natur ganz dem Spiel der Schöpfung hingegeben; der Wind, der in Davids Harfe die Saiten zum Klingen und Singen bringt, während David schläft. Freude, Dankbarkeit, Zärtlichkeit sind seine Geschenke"

(Irmgard Lauscher-Koch)[1]

Ich spreche in diesem Buch immer wieder von der Seele und vom „Inneren see-lischen Atem" – letzteres ein Begriff, der von Cornelis Veening geprägt wurde. Wenn Menschen von Seele sprechen, meinen sie damit nur selten Ähnliches und noch seltener das Gleiche. Ein Anspruch, darüber allgemein Gültiges aus-zusagen, verschleiert die Wirklichkeit oft mehr als sie zu erhellen. Ich möchte darum versuchen, mein sehr persönliches Verständnis zu beschreiben.

Seele ist für mich das, was ich war, bin und werde. Ich möchte nicht von „Ewig-keit" sprechen, weil sie keiner menschlichen Erfahrung – auch keiner Grenzer-fahrung – zugänglich ist. Aber ich glaube an eine Kontinuität der Seele ohne zeitlich-räumliche Festlegung. In diesem Sinne meint Seele das „Ich bin" jen-seits von Raum und Zeit und gleichzeitig in Raum und Zeit. Ich bin in der Weite des Horizontes und in der Tiefe der Erde. Ich bin in verschiedener Weise mit der unsterblichen himmlischen Welt verwoben und zugleich mein sterb-licher Körper. In bin meine Seele, die mit allem verbunden ist, was lebt und doch unverwechselbar persönlich ist. Ich bin das unverwechselbare Du, was ich für die bin, die mich beim Namen gerufen hat und was ich für Menschen bin, die mich lieben. Dieses „Du bist" und dieses „Beim-Namen-gerufen-wer-den" berühren mich näher und stimmiger als das „Ich bin". Vielleicht brauchen wir uns nicht selbst zu suchen und zu finden. Mag sein, dass wir dies gar nicht können, weil wir uns dabei selbst verlieren. Wir können uns nur immer wieder neu geschenkt werden und fühlen uns oft am lebendigsten, wenn wir ganz in der Wahrnehmung der Anwesenheiten und der Dus um uns herum sind.

Unser Körper (wozu auch Empfindungen, Emotionen, Gefühle und Gedanken gehören) ist hier auf Erden der Ort, in dem unsere Seele Gestalt werden, sich entfalten, weiterentwickeln und in die Welt hinein wirken kann. Der innere seelische Atem ist für mich die bis auf die Ebene der kleinsten Zelle körperlich erlebbare Wirklichkeit unserer Seele in unserem irdischen Leben. Nur eine at-

---

1 Irmgard Lauscher-Koch, Gewahrseinspraxis und Lehre – ein kontemplativer Übungs-weg

mende Zelle ist eine lebendige Zelle. Nur ein atmender Geist ist ein lebendiger Geist. Atem ist Leben und Atem ist Kommunikation. Atem ist das, was alles Lebendige verbindet bzw. in der Beziehung zueinander erst lebendig werden lässt. Bereits auf der Ebene der kleinsten Zelle gibt es kein abgegrenztes isoliertes Sein. Zellen ohne Kommunikation beginnen sich selbst unkontrolliert zu vermehren. In-Beziehung-sein ist eine elementare Lebensnotwendigkeit. Bezogenheit und Differenziertheit ist der Stoff des Lebens im Kleinsten wie auch im Größten. Dies ist zugleich der tiefste Sinn des christlichen Verständnisses vom dreieinen Gott: Auch die größte und weiteste Dimension des Lebens, die allem Atem und Leben gibt, ist Beziehung und Raum in sich (der Dreiklang und das Dreieck als rhythmische und räumliche Grundstruktur). Der elementare Kern des Lebens und sein schauender und schöpferischer Brennpunkt ist die Liebe.

Immer verbundener und immer persönlicher: Dieser scheinbare Widerspruch kann in der Begegnung mit dem seelischen Atem – im Innen und Außen, im Kleinen und Großen, im Nahen und Weiten, auf der Erde und im Himmel – zu einem fruchtbaren Spannungsfeld werden, in dem das Leben und die Liebe geboren werden.

Mit den meisten mystischen – d. h. mit der Seele und ihrem Ursprung sich in Erfahrung vereinenden – Entfaltungs- und Begegnungswegen teilt der Atemweg den scheinbaren Widerspruch von intensiver Zuwendung zu sich selbst und der immer feineren und klareren Wahrnehmung der Anderen und der daraus erwachsenden Zärtlichkeit und Liebe zum Leben. Und er teilt mit ihnen die Sehnsucht nach Stille. Die Stille ist den Mystikern aller Kulturen und Religionen – neben den Klängen und den Rhythmen – ein Tor zur Seele und die Tür zu einer Welt hinter den Worten und den Taten. Die Blicke, Gesten, Worte und Taten, die aus der Stille und ihrem Atem zu uns kommen und die wir weitergeben, sind Zeichen der Verbundenheit alles Lebendigen. Sie trennen und spalten nicht, sondern suchen das Du und das Gegenüber in Jedem und in Jeder. Sie sagen zwar die Wahrheit über das Leben und die Liebe – auch da wo sie unbequem sein mag –, aber sie tun dies ohne verletzende und demütigende Gewalt. Sie öffnen Räume und Herzen und schaffen ein Liebesnetz vielfältiger Verbindungen, welches das Verwundete und Bedürftige in uns und die Verwundeten und Bedürftigen um uns tragen kann.

Auf den Spuren des Atems

Der Weg

Wahrnehmungsschulung

„In der Atemarbeit geht es um eine nackte Wahrnehmung, um ihr Verweilen auf den Dingen, sich vertraut machen mit den Dingen …. Der Wahrnehmungskraft jenseits des Denkens wohnt eine enorme Gestaltungskraft inne. Sie bringt die Dinge hervor"

(Irmgard Lauscher-Koch)[2]

Im atemtherapeutischen Lebensprozess wird der eigene Körper immer differenzierter, lebendiger und persönlicher erfahrbar. Methodisch geschieht dies in der einfühlend-führenden Begleitung einer/eines erfahrenen Atemtherapeutin/Atemtherapeuten. Mit ihrer/seiner Unterstützung können Körperräume immer deutlicher erfahren und eine Fülle körperlicher und körperlich-seelischer Verbindungen entdeckt werden: Die Wahrnehmung wird im Laufe dieser Schulung und dieses sehr persönlichen Prozesses feiner, tiefer und differenzierter. Die nach innen gewendeten Augen, Ohren und taktilen Sinne offenbaren uns dabei eine immer reichere Landschaft – wie Bilder, welche durch Reibung langsam sichtbar werden. Dabei ist es wichtig, den lebendigen Austausch von Innen und Außen anzuregen, damit auch die Welt, in der und mit der wir leben, in diesen Prozess der Wahrnehmungsverfeinerung einbezogen wird.

Im Laufe dieses Prozesses kann es geschehen, dass Bildstellen für kurz, lang oder für immer dunkel oder trüb bleiben. Oft ist körperlich-seelische Anwesenheit nur sehr partiell möglich. Die Ursachen der dunklen Stellen sind vielfältig, komplex und entziehen sich nicht selten unserem Verstehen. Dies gilt es bei uns selbst und bei denen, die wir begleiten und unterstützen, zu respektieren, da jede Art vorschneller Deutung – gleich welchen Kategorien oder Systemen sie entspricht – den inneren Reifungsprozess stören und verwirren kann. Wir können dabei getrost (getröstet) der Weisheit des seelischen Atems vertrauen, der uns nur das schauen lässt, was unserer persönlichen Weiterentwicklung dient, d. h. für dessen Verstehen wir reif sind, was wir ertragen und in unser Selbstbild und unser Leben integrieren können. Wir müssen und dürfen so lange geduldig warten bis durch viele Puzzleteile von Erfahrungen und der

---

2 s.o.

Belebung körper-seelischer Räume sich Bilder zeigen, die verstanden werden können und neue oder neuakzeptierte Schritte ermöglichen.

„Der Widerstand kann als Tor zur Wahrnehmung genutzt werden. Er verteidigt die schmerzhaften Grenzen unseres Ich. Und so ist es erst mal ganz wichtig, unser Ich kennen und auch lieben zu lernen, in seiner angstvollen, schmerzvermeidenden Struktur" (Irmgard Lauscher-Koch).[3] Unter dunklen Stellen verbergen sich nicht nur Kränkung, Schmerz und traumatisches Erleben, sondern auch Fähigkeiten, Möglichkeiten und Lebensqualitäten, die zu unseren bisherigen Vorstellungen und Weltbildern nicht passen. Der atemtherapeutische Prozess ist wie das Bearbeiten der Erde, um sie zu öffnen für Säen und Wachsen. Wir stoßen auf schwere Steine, die wir nur mit Hilfe verschieben können oder gar für immer umgehen müssen. Oder wir finden ein Nest neugeborener Igel, auf das wir Rücksicht nehmen möchten. Nicht selten finden wir verkrustete Kothaufen, die wir unterpflügen, damit sie sich mit Erde mischen und auf diese Weise zu Dünger werden. Hin und wieder stoßen wir auf unbekanntes Wurzelwerk, dem wir Raum zur Entfaltung geben – neugierig auf die Pflanze, die sich vielleicht daraus entwickelt. Manchmal stehen wir staunend vor einer Schatztruhe, aus der uns ein Edelstein entgegenleuchtet, von dem wir niemals dachten, dass er zu uns gehören könnte.

Im atemtherapeutischen Prozess – wie auch in anderen am persönlichen Wachstum orientierten Erfahrungswegen – geschehen immer wieder Entpuppungen, die uns wie Wunder entgegenkommen. Es ist ein geduldiger, beharrlicher, aber auch zutiefst schöpferischer Weg, uns selbst und Andere Gestalt werden zu lassen. Dabei ist es wichtig, dass wir unsere offenen Augen, Ohren und Hände nie verlieren und Fixierungen immer wieder auflösen. Atemtherapeutische wie schöpferische Entfaltungen geschehen selten linear. Es gibt Spiralen, Kurven, Sprünge weit nach vorn und weit nach hinten und manchmal Purzelbäume, die uns überraschen. Wer bin ich heute? Wer bist du heute?

Die Vielfalt körperlicher Bezüge oder Beziehungen, die nach unserer persönlichen Anwesenheit rufen, lässt uns den Reichtum menschlichen Seins ahnen und immer mehr erfahren. Darin kann das kontrollierende Bewusstsein seinen nur relativ bedeutenden Platz einnehmen. Sein Nachgeben und das kindlich-spielerische und immer tiefere Erkunden vielfältiger körperlich-seelischer Räume und Verbindungen ist eine Wechselbeziehung. Für deren heilsame und verwandelnde Entwicklung brauchen wir die aufmerksame Begleitung einer

3 s. o.

erfahrenen Lehrerin und Menschen, die mit uns auf dem Weg sind. Gemein-schaftlich gesehen kann dieser Prozess sehr fruchtbar sein. Die Fähigkeit, im-mer wieder still zu werden und mit wachen Augen und Ohren zu sehen und zu hören lässt uns einander liebevoller und klarer in unserem persönlichen Sein und Werden wahrnehmen. Dadurch kann ein immer größerer Wachstums- und Entfaltungsraum für alle entstehen.

Kontemplative Gewahrseinspraxis

„Gewahrsein wirft ein Licht auf die Dinge, wie sie sind … Eine sich langsam verdichtende Stille ist Voraussetzung, dass wir innerlich hören. Je weiter wir die Stille entwickeln, desto lebendiger wird sie. Höre den Laut der Stille."
(*Irmgard Lauscher-Koch*)[4]

Der Atemweg geht Hand in Hand mit der Entfaltung einer kontemplativen Grundhaltung als einer tiefen seelischen Qualität, welche aus der Berührung mit dem inneren seelischen Atem geboren wird, aber auch zu dieser hinführen kann. Kontemplation in diesem Sinne meint: Da-Sein als gegenwärtige kör-perliche und seelische Anwesenheit, das stille Verweilen im Augenblick mit offenen inneren und äußeren Sinnen, aber ohne etwas begreifen oder ergreifen zu wollen – wie träumend und gleichzeitig hellwach.

Um uns diesem nackten Sein und Schauen zu nähern, braucht es die zuvor beschriebene Wahrnehmungsschulung. Aber es braucht damit und daneben auch einen stetigen Erfahrungsprozess, in welchem wir lernen, das eigene Wol-len und Begehren zu besänftigen, sich dem gegenwärtigen Moment hinzuge-ben und das Leben zu empfangen, wie es ist. Dazu gehört die unverschleierte Wahrnehmung dessen, was in mir, mit mir und außerhalb von mir lebt, stirbt, sich verwandelt oder neu geboren wird. Alle Sinne dem öffnen, was geschieht und absichtsloses Warten lernen, ein immer neues Nachgeben im angestreng-ten Bemühen – bis eine weiche Kraft uns besänftigt, ein zarter Atem in uns zu schwingen beginnt und eine Milde entsteht, in der wir das Schweigen lieben lernen. Das entstehende Da-Sein kann von äußerst zarter Schlichtheit oder wie ein warm-leuchtendes Liebesfeuer sein, vor dem wir uns nur still verneigen können, was sich uns aber wieder entzieht, sobald wir es ergreifen wollen.

---

4 s.o.

Ergreifen-wollen – so menschlich es auch ist – blockiert augenblicklich den Lebensfluss, der uns weiter trägt. Es ist darum notwendig, dieses immer wieder zurückzunehmen – wofür wir in der Atempraxis eine Vielfalt körperlicher Räume haben, die uns die Anbindung und Einbindung ehrgeiziger Kräfte erleichtern. Einige Körperräume laden uns – ohne zu fordern oder gar anzuklagen – besonders gerne ein, in ihnen zu Hause zu sein, Strenge und angestrengtes Suchen abzugeben und uns mit ihrer einfachen Daseinskraft zu nähren. Dies sind vor allem der Raum unter den Füßen und der Erdenraum insgesamt, die Sitzfläche auf dem Hocker, der Rücken mit dem Hinterkopf, das Sakrum (Kreuzbein), die Ellbeugen und der Raum hinter uns. Doch letztlich sind es alle Körperräume von Kopf bis Fuß, deren innere Wahrnehmung uns eine Daseinsqualität „hellen Schlafens und dunklen Wachens" (Irmgard Lauscher-Koch)[5] schenken können.

Nachgeben, Hingabe und Geschehenlassen statt Ehrgeiz, Konzentration und Bemühung stellen vieles auf den Kopf, mit dem die meisten von uns groß geworden sind und was uns täglich als Glück und Erfolg bringend verheißen wird. Es fällt nicht leicht, daran zu glauben, dass ohne unser Tun und ohne unsere Absicht etwas für uns persönlich, für die Menschen, mit denen wir leben und letztlich für Erde und Himmel Fruchtbares geschehen kann. Es wird leichter, wenn wir vor unseren inneren Augen sehen, dass alles Lebendige und Beseelte nicht starr ist, sondern sich im ständigen Prozess der Erneuerung befindet. Bevor Neues geboren wird, gibt es immer einen Moment, in dem es ganz still wird und nichts für menschliche Sinne Sichtbares mehr geschieht: der Winter vor dem Frühling, die Stille vor der Musik, das innere Schweigen vor einem neuen Gedanken, die Wortlosigkeit vor einer Versöhnung, die Atemstille vor dem Einatmen … Diese Momente, Minuten oder Stunden gestalten den Raum, in dem Stille und schöpferisches Sein eins sind. Sie sind die Tür zu einem Gnadenraum, in dem wir ganz mit uns persönlich verbunden sind und gleichzeitig das Leben selbst empfangen – wozu der Segen des Himmels (wie immer dies jeder persönlich verstehen mag) genau so gehört wie der Segen der Erde. Kontemplative Gewahrseinspraxis meint Vertraut-werden mit und ein Annähern an diesen Moment, der sich räumlich-zeitlich ausdehnt, wenn wir ihm unser ganzes gegenwärtiges Dasein schenken.

---

5   Irmgard Lauscher-Koch, in : Werkstattnotizen von M. Geue

Treue

Für diese Wahrnehmungs- und Gewahrseinspraxis gibt es wenig feste Regeln und Formen. Dennoch entsteht im Laufe der Zeit – vielleicht vergleichbar einer Liebesbeziehung – eine mal zarte, mal dichte Präsenz des seelischen Atems im Leben derer, die sich darauf einlassen. Die Spur, die er prägt, wird immer deutlicher, breiter und verlässlicher sichtbar. Wie dies ohne Vorschriften, Regeln und feste Übungen möglich ist? Dies haben SchülerInnen und WeggefährtInnen von Cornelis Veening schon vor einigen Jahrzehnten gefragt. Ich zitiere aus einigen Gesprächen: „‚Gibt es eine Übung?‘ habe ich Veening damals gefragt. ‚Sie würde nicht viel nützen. Das Ich verkrampft sich so leicht dabei.‘“ „‚Ist es gut, regelmäßig zu sitzen?‘ ‚Fragen Sie sich lieber, ob Sie Lust dazu haben.‘“ (Irmela Halstenbach)[6] „In der Gruppenarbeit wurde einmal gefragt: ‚Wann und wie oft sollen wir üben?‘ (worauf Cornelis Veening antwortete:) ‚Wann die Seele es will.‘“ (Elisabeth von Gunten)[7]

Den meisten Menschen fällt es nicht leicht, darauf zu vertrauen, dass auf diese Weise Entwicklung, Heilung und Verwandlung geschehen kann, denn „wir sind es kaum gewöhnt, einem Instinkt zu trauen, der sich auf so natürliche Weise meldet … es ist schön, dem zarten Atem zu folgen. Der Weg zeigt sich von selbst. … Wie in einer Liebesbeziehung ist es – und jeden Tag anders“. (Irmela Halstenbach)[8] Cornelis Veening scheint auf den Kopf zu stellen, was in den meisten geistig-körperlich-seelischen Entfaltungs- und Übungswegen als ein Naturgesetz gilt. Dabei wird oft vergessen, dass am Anfang der Wege – z.B. christlicher und buddhistischer – immer ein drängendes Bedürfnis, eine Sehnsucht der Seele und eine lebendige und dynamische Liebesbeziehung stand. Meist sind genaue Anweisungen für Form, Regeln und Riten erst auf das Drängen von späteren Nachfolgern und Schülern entstanden.

Aber brauchen wir – wenigstens die meisten von uns – nicht solche klaren Wegbeschreibungen, damit wir den Weg, den wir gehen wollen, nicht verlieren? Denn wie können ohne feste Formen in uns Stille, Berührung mit dem inneren seelischen Atem und kontemplatives Gewahrsein zu einer erfahrbaren Gestalt werden, die mehr ist als ein flüchtiges schönes Ereignis? Wie können wir lernen, das Rufen unserer Seele nicht vom Alltag übertönen zu lassen?

6 Irmela Halstenbach, in: Wie der Apfelbaum wächst – Bilder vom Lehren und Lernen, in: Text aus Erinnerung an Cornelis Veening, S. 91
7 Elisabeth von Gunten, in: Atemtherapie – wie ich sie durch Cornelis Veening erlebte …, in: Texte zur Erinnerung …, S. 57
8 Irmela Halstenbach, s. o.

Auch der Atemweg braucht kontinuierliches Dranbleiben – in vielen kleinen Achtsamkeiten im Alltag und indem wir den bewussten Übungs- und Erfahrungsräumen sowie anderen stillen – Seele und Körper nährenden Zeiten – Raum geben. Es entspricht der Erfahrung innigen Berührtwerdens, wie in einer Liebesbeziehung von Treue zu sprechen. Den inneren seelischen Atem in unseren Körper, unsere Gefühle und unser Leben einzulassen, bedarf der Treue, da die Macht des Gewohnten und der realen oder scheinbaren Notwendigkeiten sonst die Atem-, Stille- und Weisheitstore immer wieder verschließt. Diese braucht kein festes Regelsystem. Doch jede und jeder kann und muss für sich selbst finden, ob und welche Regelmäßigkeiten und Rituale es ihm und ihr erleichtern, die Treue zu leben, welche die Stille und die Atemweisheit würdigt und einlädt.

Im Atemhaus

Vom Eigenleben des Körperlichen

„Der Aufbau schafft die Form, das Gewahrsein bringt sie zum Klingen"
(Irmgard Lauscher-Koch)[9]

So wie das Seelische wird auch der Atem in der Atemarbeit kaum direkt angesprochen. Eher ist es so, dass die immer klarere und verlässlichere Wahrnehmung der persönlichen körperlichen Wirklichkeit der Seele und dem Atem Raum zum Leben gibt. Sie werden so in ihrer Autonomie gewürdigt und können uns ihr Geheimnis entlang unseres Wachsens und Werdens und hinein in unsere Lebensgeschichte und diese gestaltend offenbaren.

In Atemmeditation und Atemtherapie – wie auch in der selbstentdeckenden Bewegungsentfaltung, die ich „Atemtanz" nennen möchte – ist der Körper nicht nur Mittel zum Zweck, um emotionale oder seelische Phänomene sehen, befreien und heilen zu können. Vielmehr ist er selbst Quelle und Ort lebendigen Seins. Körperbegegnungen, zu denen die Suche nach Begegnung und Vereinigung mit dem inneren seelischen Atem einlädt, haben mir die Türen zum großen Reichtum persönlicher Räume, Anwesenheiten und Verbindungen geöffnet. Diese können wir nirgendwo anders finden als in der körperlich-seelischen Begegnung mit uns selbst. Indem wir der Spur des inneren seelischen Atems folgen, kann sich unsere Seele bis auf die Ebene der Organe, der Muskeln, der Knochen, und bis in jede Zelle hinein inkarnieren. Unser Körper wird dabei immer beseelter und unsere Seele immer körperlicher. Im Geiste der Atemtherapie gibt es keinen Nur-Körper, sondern er wird in all seinen Erscheinungsformen gewürdigt und in seinem Eigenleben ernst genommen, befragt und immer mehr akzeptiert und geliebt. Ich habe keinen Körper, sondern bin mein Körper, oder besser: Ich werde immer mehr mein Körper und lerne mein Atemhaus immer mehr kennen und mit meiner persönlichen Anwesenheit bewohnen und gestalten. „Der Aufbau ermöglicht einen intensiven Reinigungs- und Klärungsprozess ... Der Atem erschafft den Aufbau, aber der Aufbau ist auch eine Gegebenheit." (Irmgard Lauscher-Koch)[10]

---

9 Irmgard Lauscher-Koch, Aufsätze aus meiner Atem- und Lehrpraxis, S. 60
10 Irmgard Lauscher-Koch, in: Werkstattnotizen ...

Auch wenn die Erhellungen emotionaler Verkrustungen und die Entsprechungen des Atemkörperweges zu unserer Lebenswirklichkeit ein dem Atemgeschehen immanenter Prozess sind, so sollte das Wissen darum die Zuwendung zur körperlich-seelischen Wirklichkeit nicht überlagern. Zu viele psychologische oder spirituelle Deutungen und Bedeutungen bezüglich körperlich-seelischer Räume, Organe und Verbindungen regen das Denken über uns an und behindern das In-uns-sein. Wenn wir die Wirklichkeiten in uns nicht begreifen und ergreifen, sondern sie die sein lassen, die sie sind und uns gleichzeitig in der Tiefe mit ihnen verbinden, geschieht Befreiung, Öffnung und Entgrenzung.

Die Gleichzeitigkeit von reiner Wahrnehmung und tiefem Sich-verbinden bewirkt auch eine Veränderung der Beziehung zu den Wesen um uns. Sie sind dann immer mehr die, die sie sind und immer weniger die Deutung und Wertung, die wir ihnen geben.

Persönliche Atemwegbegleitung

In der immer neuen stillen Frage „Wer bist du?" wird die Einzigartigkeit jedes Menschen gewürdigt und unser Unvermögen, ihn im Letzten zu kennen, eingestanden. Es ist ein gemeinsamer Erkenntnis-, Entfaltungs- und Transformationsprozess, auf den sich in der atemtherapeutischen Einzelbehandlung die beiden Menschen in ihrer Begegnung einlassen: die Eine, die sich für begleitende Unterstützung auf ihrem Weg öffnet; die Andere, die sich für die Wahrnehmung und Begleitung eines anderen Menschen zur Verfügung stellt. Voraussetzung dafür ist, dass die Wegbegleiterin selbst immer wieder in die stille Anwesenheitskraft des lebendigen Atems findet. Dieser ist sowohl ihr ganz persönlicher, aber berührt zugleich den alle Menschen verbindenden Atemraum, welcher die tiefe innere Wahrnehmung der Anderen ermöglicht. Dies gilt grundsätzlich für alle Phasen der Begegnung: für das eröffnende und abschließende Gespräch genauso wie während der Behandlung im Liegen. Sie gilt auch für eine atemmeditative Begleitung im Sitzen und für jede andere Erfahrungsvermittlung, die aus dem seelischen Atems geboren wird (z. B. Bewegung und Ton).

„Wenn jemand beginnt zu arbeiten, hat er über viele Jahre die Erfahrung seiner Ganzheit gemacht und die Erfahrung eines inneren Zusammenhangs, die er nun übertragen kann" (Herta Grun).[11] Im Laufe einer begleiteten Atem- und Gewahrseinspraxis wird es möglich, diese stille und lauschende Wahrnehmung

---

11 Herta Grun, in: Interview mit Irmgard Lauscher-Koch, 1996

zu lernen, die in stillem Mit-Sein und über die Berührung der Hände die Botschaften des seelischen Atems eines anderen Menschen empfangen kann. Die Beibehaltung der lauschenden Achtsamkeit auch in verbaler Begegnung ist wahrscheinlich die größte Herausforderung für die Atemtherapeutin. Es ist ein immer wieder neuer Lernprozess, in dem beide lernen, Lebensthemen, Konflikte und Fragen der Stille anzuvertrauen und zu warten, welche Antworten uns in ihr geboren werden. Können wir uns von einer inneren Haltung beschenken lassen, in welcher wir lernen, das Ungelöste und die Fragen anzunehmen und uns in sie hineinzuleben und hineinzulieben? Dazu zitiert Cornelis Veening in „Die psychologische Situation des jungen Künstlers“ Rainer Maria Rilke: „ … ich möchte Sie, so gut ich es kann, bitten, Geduld zu haben gegen alles Ungelöste in Ihrem Herzen und zu versuchen, die Frage selbst lieb zu haben – wie verschlossene Stuben. Forschen Sie jetzt nicht nach den Antworten, leben Sie jetzt die Fragen und verhalten Sie sich wie die Erde, wenn der Frühling kommt.“[12]

Viele Jahre habe ich Atembegleitung über die persönliche Zuwendung der Hände erfahrener AtemtherapeutInnen erfahren dürfen. Meine erste Erinnerung daran ist, dass ich mich fühlte wie ein verwundeter Vogel, der endlich in die Hand genommen wird. Ich erinnere in der ersten Zeit unendliche Gedankenströme und parallel dazu die mich in die Wahrnehmung rufenden Hände meiner Therapeutin. Fast immer war ich danach ruhiger, klarer, ein wenig wie frisch gebadet, fühlte in mir eine sehr feine und gleichzeitig dichte Anwesenheit und konnte mit festen und leichten Schritten meine Wege gehen. Wenn ich unmittelbar im Anschluss zum selbstentdeckenden kreativen Tanzen ging, hatte mein Fühlen, Suchen, Horchen und Finden eine neue Gegenwärtigkeit. Christian Böhringer, der mich in dieser Bewegungsarbeit begleitete, sagte dann: „Man spürt, wo du herkommst“. Es war zugleich eine Forschungsreise, in der sich mir über die Hände meiner Atemtherapeutin nach und nach immer mehr Körper- und damit auch Seelenräume erschlossen haben. Immer war es eine Erfahrung von innerer Ordnung und Ins-Leben-gerufen-werden. Manches blieb lange im Dunkeln, einiges ist es immer noch. Wie kann ich sein mit dem, was im Dunkeln liegt und sich vor mir verschließt? Dies war eine der wesentlichen Fragen auf meinem persönlichen Weg und in der Begleitung Anderer. „… und zart berühren auch die dunklen Stellen“: Diese Worte eines sterbenden Freundes wiesen mich hin auf die Milde, die Geduld und die Barmherzigkeit, die wesentliche Grundhaltungen der Atembegegnung sind.

---

12 Rainer Maria Rilke, zitiert von Cornelis Veening in: Die psychologische Situation des jungen Künstlers (Mitschrift Berlin 1947, in: Texte zur Erinnerung …)

Inzwischen erfahre ich meine Hände, meinen Atem, meine Intuition, mein Wissen und meine Stille in ihrem Da-Sein für Menschen, die ich im Atem begleite. Ich lerne, meinen Händen, der Stille, meinem inneren Lauschen, meinem Schauen und Fühlen zu vertrauen. Welches Bedürfen ruft nach Berührung und Wahrnehmung? Welche Körper- und Atembilder zeigen sich? Welche Botschaften kommen mir entgegen? Welche Bilder und Impulse entstehen in mir? Ich lerne, meinen Händen zu vertrauen, die mir den Weg weisen. Ich lerne auch, meinen Worten zu vertrauen und den Impulsen, sie auszusprechen. Ich fühle, wie ich mich in Unsicherheiten anspanne und versuche dann, die sammelnde verlässliche Wärme meines Sakrums (Kreuzbein) wahrzunehmen und die Verbindung zum Hinterkopf, meinen Rücken zu fühlen und mich meinem persönlichen Hintergrund anzuvertrauen. Bis es wieder still wird in mir und ich die, die ich begleite, wieder sehen kann und dem nächsten Schritt meiner Hände folge.

Normalerweise findet eine Einzelbehandlung erst in Bauch- und dann in Rückenlage statt in bequemer Kleidung und zugedeckt mit einer Wolldecke. Keine Behandlung ist wie die andere und doch gibt es sich wiederholende Abläufe, Bilder und Strukturen. Wenn es meine Hand und meine Präsenz zu einem Ort zieht, findet die andere Hand in einer lauschenden inneren Beziehung einen Ort, welcher Polarität, Entsprechung und Verbindung ermöglicht und den sie in die Begegnung mit sich selbst einlädt. Einen dritten Ort spreche ich oft über meine Augen an bzw. einfach dadurch, dass ich ihn mit meine, denn „erst drei Orte ergeben gemeinsam einen Raum" (Bettina v. Waldthausen).[13] Ich versuche, innere Ordnungen zu finden und in sie einzuladen, indem ich meine Wahrnehmung immer wieder öffne für geometrische Wirklichkeiten, die sich im atmenden Körper zeigen. „Geometrische Formen anzusprechen hat immer eine Wirkung" (Bettina v. Waldthausen).[14] In ihnen bekommt die unendliche Vielfalt des In-Beziehung-Seins eine erfahrbare Gestalt und damit ein Gesicht, welches zugleich persönlich und überpersönlich ist. Wir finden im Körper u. a. Linien, Parallelen, Diagonalen, Kreuze, Dreiecke und Kreise, auf die wir uns beziehen können.

In Berührung

Manchmal ist es ein langer Weg, bis wir in unseren Händen so anwesend sein können, dass wir mit ihnen lauschend wahrnehmen, in zugewandter, klarer und stiller Anwesenheit berühren und ihren Botschaften vertrauen können. Können

13 Bettina v. Waldthausen an einem Wochenende über spirituelle Anatomie in der Atembegegnung, in: Werkstattnotizen M. Geue 2005
14 Bettina v. Waldthausen, s. o.

wir uns selbst eigentlich liebevoll, ruhig und wohlmeinend mit unseren Händen begegnen? Oder wollen wir irgendetwas mit uns machen, uns irgendwie hinbiegen, etwas wegstreichen? Wie empfinden wir die Qualität unserer eigenen Berührungen? Manchmal berühren wir uns unbewusst und ganz ohne Absicht genau da, wo wir dies brauchen. Wir brauchen dann nichts anderes zu tun, als dies zu würdigen und uns ganz mit unserer Hand und dem Ort des Kontaktes zu verbinden. Und in dieser Weise mit uns zu sein und unseren Händen zu folgen. Vielleicht nehmen wir uns aber auch für eine Weile Zeit, uns ganz bewusst selbst zu begegnen. Dafür ist es gut, sich bequem hinzusetzen oder hinzulegen, als dürften wir unsere Mittagspause am Strand verbringen. Wir gönnen es uns, für diese kleine Weile nichts zu wollen und nichts von uns zu erwarten, vielleicht unsere Haut zu spüren, als würde der Wind über sie streichen und zu fühlen, wie es in uns atmet. Vielleicht können wir unsere Hände wahrnehmen, wie ein Baby, was sie neugierig erkundet und mit ihnen spielt. Wir fühlen ihre Formen, ihre Festigkeiten und Weichheiten, ihre Wärme oder ihre Kühle, ihren ganzen persönlichen Charakter. Wie ist die Vorstellung, mit dieser meiner Hand meinem eigenen Körper zu begegnen? Zieht es dabei schon spontan eine Hand an einen Ort? Und wie folgt die andere Hand? Wie fühlt sich die Verbindung zwischen beiden Händen an? Für mich persönlich gibt es Berührungen, die mich meist sehr schnell mit einer Haltung des Sich-mir-selbst-zugeneigt-seins beschenken. Vielleicht fühlt es sich auch für Sie stimmig an, eine Hand aufs Nabelfeld (auf den Nabel, darunter, darüber oder seitlich – je nach Bedürftigkeit bzw. Stimmigkeit) und eine Hand – ohne irgendetwas zu wollen – auf die Brustmitte zu legen, den Kopf (falls Sie sitzen) ein wenig zu neigen, die Innenarme und die zärtliche Anwesenheit der Ellbeugen wahrzunehmen, sich in die so entstehenden Körperräume hinein zu entspannen und sich von Ihrem Atem innerlich bewegen zu lassen – in der ihm in diesem Moment eigenen Weise. Es ist gut so lange zu bleiben, bis Sättigung fühlbar wird und ein kleiner oder größerer Zeitraum wachen Wartens sich ausbreitet. Wir lernen zunehmend ein Gefühl für diesen Punkt zu entwickeln, an dem Offenheit für den nächsten stimmigen Impuls entstehen kann. Kann sein, dass wir erst mal zu schnell sind oder auch zu lange zögern. Das können wir spüren, weil wir uns dann nicht verbunden fühlen mit der nächsten Bewegung unserer Hand. Wir gehen dann einfach noch mal zurück – wie ein Pendel, was immer wieder seine Mitte sucht. Bis wir dem nächsten Impuls folgen. Vielleicht kommt dieser zunächst von einer Hand. Die andere bleibt still und mich immer noch ganz meinend liegen. Der Hand, die sich zu einem anderen Ort hat rufen lassen (vielleicht vom Nierenraum, vielleicht von einer Hüfte, einem Oberschenkel oder der Innenseite des Knies … es ist persönlich und von Tag zu Tag und von Bedürftigkeit zu Bedürftigkeit wirklich sehr verschieden) geben wir Zeit und Geduld, sich mit ihm vertraut zu machen und uns selbst, die wir uns mit jeder Berührung geschenkt werden können, zu empfangen. Wir versuchen, den Raum wahrzunehmen, der zwischen den beiden Händen entsteht und gefühlt werden möchte. So könnten wir bleiben in unserer kleinen Zwischenzeit mitten am Tag. Und wir hätten etwas erfahren von dem, was Atemberührung meint. Aber wenn uns Zeit und Raum geschenkt sind, können wir unseren Händen noch eine Weile in dieser Weise folgen und wach und ruhig mit ihnen sein, die uns in Begegnungen mit uns selbst führen – jetzt in diesem Moment.

Eine gute Möglichkeit ist es, uns morgens im Erwachen auf diese Weise zu begrüßen. Vielleicht tun wir es auch schon und haben es nur noch nicht bemerkt. Denn es ist gerade die Atmosphäre zwischen Schlafen und Wachen, in welcher wir noch sehr verbunden sind mit den sensiblen und feinen Anwesenheiten in uns. Diese wie auch andere Zwischenzeiten und Zwischenräume verschenken wir oft, wenn wir die Übergänge nicht würdigen, sondern von einem Zustand in den anderen springen. Vielleicht können wir uns also am Morgen oder in einer anderen Zwischenzeit mitten am Tag eine Weile niederlassen und unseren Körper, unseren Atem und den sich öffnenden stillen Raum wahrnehmen.

In der beschriebenen lauschenden, zarten, festen und klaren Weise können wir auch versuchen, einem uns nahen Menschen mit unseren Händen zu begegnen, ihn wahrzunehmen und ihm so vielleicht zu helfen, mit sich selbst in Berührung zu kommen. Wir sollten uns dabei immer wieder die Frage stellen, ob wir mit unseren Händen persönlich verbunden sind und ob wir den Anderen wirklich meinen. Die Achtsamkeit, Stille und Zugewandtheit, mit der wir einander auf diese Weise berühren lernen, können uns in Gärten des Miteinanders führen, in denen Aufmerksamkeit, Milde und Zärtlichkeit blühen.

Atemmeditation in der Gruppe

Cornelis Veening selbst erlaubte meist erst nach jahrelanger persönlicher Atemtherapie das Sitzen in der Gruppe. „Wir haben kein System, keine Übungen. Deshalb ist es so wichtig, dass der Patient in der Einzelbehandlung schon mal merkt, dass er loslassen kann und der Atem mehr ist als sein Wille. Dann kann er sich hinsetzen und mehr und mehr versuchen, die Wirksamkeit des Atems zuzulassen" (Herta Grun).[15] Das atemmeditative Sitzen kann einen von der Therapeutin unabhängigen Weg ebnen. Hier kann ein persönlicher eigenstän-

---

15 Herta Grun, s. o.

diger Weg zur Atemwahrnehmung von Körperräumen ohne die einfühlenden
Hände eines Anderen gesucht und gefunden werden. Ob und wie lange dies
eine Überforderung ist, wage ich hier nicht zu beantworten.

Nicht zuletzt spielen dabei auch emotionale Befindlichkeiten eine Rolle.
Bringt ein Mensch viele nicht integrierte oder noch nicht bewusste emotionale Verstörungen und Verletzungen in die Atemarbeit mit, braucht er normalerweise die persönliche Zuwendung in der Einzeltherapie. Sonst birgt das
„Atemsitzen" in sich die Gefahr aller meditativen Übungswege, die zur Ver-
meidung der Begegnung mit einem Du verleiten können und zum Ausweichen
vor unseren Ängsten, die nur im zwischenmenschlichen Raum erfahrbar und
verwandelbar sind.

Das atemmeditative Sitzen findet normalerweise in einer Gruppe statt, begleitet
von einem Menschen mit langer persönlicher Atemerfahrung. (In einer Gruppe, in der alle bereits einen weiten Entwicklungsweg gegangen sind, kann diese
Begleitung auch im Wechsel von den Gruppenmitgliedern übernommen werden.) Die Teilnehmer sitzen in der Regel auf einfachen Hockern. Es gibt keine
festgelegte Sitzposition, die jeder immer genau so einnehmen muss. Zu Beginn
ist es sogar gut, nicht zu schnell und nicht zu starr in einer Position zu sitzen,
sondern den Prozess von äußerer Bewegtheit zum ruhigen Sitzen in eigenem
Tempo zu vollziehen. Die Meinungen erfahrener Atemlehrerinnen, wie sehr
eine möglichst aufrechte Haltung bewusst eingenommen werden soll oder ob
die Aufrichtung mit dem Atemlernprozess von Innen her geschehen darf, sind
unterschiedlich. Doch es gibt Körperhaltungen – auch wenn sie individuell je
nach Körperstruktur und seelisch-körperlicher Gegebenheit variieren –, welche innere und äußere Wachsamkeit und Empfänglichkeit fördern.

Eine Körperhaltung ist dem Atemprozess förderlich, wenn sie Entspannung
und Wahrnehmung ermöglicht und nicht behindert. Behindernd kann sie sein,
wenn emotionale oder körperliche Bedingungen eine Haltung zur reinen Willensanstrengung werden lassen. Diese Willensanstrengung kann z. B. dadurch
besänftigt werden, dass manchmal ein Aushängen des Oberkörpers nach Unten
angeregt wird, evtl. mit einer Abstützung der Unterarme auf den Oberschenkeln. Auch eine kleinere oder größere Neigung des Kopfes oder seine Bewegung überhaupt kann den Rücken entspannen und gleichzeitig eine angenehme
Dehnung der Wirbelsäule ermöglichen. Eine starke Müdigkeit im Sitzen wird
oft erleichtert durch Nachgeben an einem sehr belasteten Ort des Körpers oder
durch die Lenkung der Aufmerksamkeit zu einem Körperraum, der Stütze und
eine andere Anwesenheitsqualität schenken kann. Aber manchmal braucht es
auch eine äußere Stütze oder sogar eine liegende Position, um überhaupt ent-

spannen und wahrnehmen zu können und nicht nur mit dem eigenen Willen und Können beschäftigt zu sein. Doch meist ist es wichtig, auch mit unangenehmen Empfindungen sitzen zu bleiben, damit sich an ihren Grenzen neue Wege und Verbindungen öffnen können.

So sehr ich persönlich bereits zu Beginn die atemtherapeutische Einzelbehandlung genossen habe – auch dann, wenn das, was sich zeigte, mich schmerzlich erschütterte –, so beschwerlich war mir in der ersten Zeit oft das stundenlange Sitzen auf dem Hocker. Ich fühlte mich wie hingesetzt und eingerastet auf einen äußerst begrenzten Ort und mir persönlich ausgeliefert ohne in irgendeinen mir vertrauten Ausdruck (Sprechen, Schreiben, Tanzen) ausweichen zu können. Nie hätte ich zu Anfang gedacht, dass ich lernen würde, diese Art von Sitzen zu lieben und dass ein atemtherapeutisches Wochenende zu einem Erholungsurlaub werden könnte. Neben dem sich mir offenbarenden Reichtum körperlich-seelischer Anwesenheit und innerer Bewegtheit wurde durch das „Sitzen" ein Prozess angestoßen, der mir half, im wahrsten Sinne des Wortes zu mir zu stehen und Verantwortung für mich und mein Leben zu übernehmen. Die Anbindung an meine erdhafte körperliche Wirklichkeit – durchströmt mit der lebendigen Seele des Atems – brachte alles, was ich war und alles, was sich in mir entfaltete aus der Welt der Ideen und Vorstellungen in mein unmittelbar gegenwärtiges und real erfahrbares Atemhaus zwischen Erde und Himmel. Ich wurde mir selbst und anderen immer mehr zur Wirklichkeit – mit Körper, Emotionen, Gefühlen, Geist und Seele. Mein Leben wurde von Außen gesehen nicht einfacher, aber es wurde wirklicher, fühlbarer und darum, in allem was geschah, friedvoller und interessanter. Es war, als wäre ich endlich nach Hause gekommen, in mir, in meinem unmittelbaren Leben mit den Menschen, die ich liebe, und in der Welt.

Ein Besuch im Atemhaus

Ich habe versucht, einen Weg möglicher Atemkörperwahrnehmung so zu beschreiben, dass die Leser und Leserinnen, welche diese Art von Atembegegnung nicht kennen, eine Ahnung davon bekommen, was im atemmeditativen Sitzen geschieht und dies vielleicht beim Lesen erfahren können. Das, was ich schreibe, kann keine reale Atemmeditation wiedergeben. Diese hat keinen festen Ablauf, sondern antwortet auf die jeweilige Situation, das Feld der ganzen Gruppe und die persönlichen wortlosen Atemfragen, -bedürfnisse und -rufe der Einzelnen.

Grundsätzlich sind in der Atembegegnung alle Räume wichtig – mit ihrer unterschiedlichen Bedeutung für die autonome Entfaltung des Atems. „Wir nehmen den Atem als Indikator, als Wegweiser, als Anzeiger, und lassen uns zunächst führen. Es geht also nicht darum, eine festgelegte Atemform zu übertragen, sondern den Atem, so wie er sich zeigt, anzunehmen und nicht gleich die Ihnen sicher bekannte Einteilung in Bauch-, Flanken- und Brustatmung anzubringen"(Cornelis Veening).[16] Den ganzen Reichtum körperlich-seelischer Wirklichkeiten und Beziehungen anzusprechen, würde ein Buch füllen. Keine angeleitete Atemarbeit ist nur annähernd vollständig im Ansprechen von Körperräumen und -beziehungen, sondern hat unterschiedliche Schwerpunkte – auf das horchend, was an diesem Tag mit diesen ganz konkreten Menschen stimmig ist. Allerdings sollte ein Ansprechen der Erde und der persönlichen Basis niemals fehlen einschließlich der Verbindungen zu oberen Körperräumen.

Die Leserinnen und Leser möchte ich bitten, nur den Worten in sich Raum zu geben, welche eine spontane Resonanz bewirken. Vielleicht ist es bei nochmaligem Lesen zu einem anderen Zeitpunkt etwas ganz Anderes.

Ankommen

Wenn wir uns auf einen Hocker oder einen Stuhl setzen, ist es gut, den Prozess des Ankommens wahrzunehmen und wach zu begleiten. Dies gilt für die atemtherapeutische Übungssituation, aber kann auch im Alltag immer wieder hilfreich sein. Wir nehmen zunächst wahr, wie wir in einem Raum ankommen, wie wir uns hinsetzen, wie schnell wir auf die Situation reagieren und versuchen, uns die Zeit zu nehmen, die wir brauchen, um anzukommen. Vielleicht hilft uns das Bild eines Sommerabends auf einem Dorfplatz: Nach und nach kommen verschiedene Menschen jeden Alters und suchen in aller Ruhe einen Platz für sich. Sie spüren die Frische des Abends, schauen in die Bäume und betrachten den Sonnenuntergang, sehen den spielenden Kindern zu und lauschen den Vögeln. Nach einer Weile sagt jemand einige Sätze, die ein anderer kommentiert oder auch nicht. Dann gibt es wieder für eine Weile nur stilles Genießen, Horchen und Schauen, bis auch die inneren Gespräche leiser werden und ihren Platz räumen für eine Stille, die langsam und stetig die Luft und den eigenen Körper erfüllt. Wir versuchen, uns hinein zu geben in diesen Raum, die Atmosphäre und die wachsende Stille, die sich in uns und um uns verdichtet und ausbreitet, wenn wir hören, sehen, schmecken und unsere Haut spüren. Vielleicht sind wir unruhig, erregt, traurig, erschöpft und vielleicht reden Gedanken, die wir mitgebracht haben, unentwegt in uns. Vielleicht bewirkt dieses Ankommen im Raum und im Sitzen aber auch ein spontanes Aufatmen und ein friedvolles Gefühl, wieder zu Hause zu sein.

---

16 Cornelis Veening, in: Vortrag für Heilpraktiker, in: Texte …, s. o.

Atmen

Wenn wir Ruhe und Stille genießen können, empfangen wir dies wie ein Geschenk mit offenen Händen und Sinnen und würdigen es, indem wir diese Stimmung in uns atmen lassen. Cornelis Veening sagte: „Freude zündet ein Licht an, wird zu einem Anziehungsort, zu dem sich das Isolierte hingezogen fühlt, auch wenn es den Weg noch nicht weiß."[17] Der Unruhe oder anderen uns unangenehmen Regungen begegnen wir aufmerksam und liebevoll und geben allem, was ist, Raum, sich uns zu zeigen, sich mitzuteilen und mit uns zu sein. Dort, wo der physische Atem verkrampft oder blockiert ist, bemühen wir uns nicht um Veränderung. Dies würde ihn nur noch mehr bedrängen. Auch wenn es uns schwer fällt, versuchen wir doch, uns auch der härtesten Verkrampfung ganz zuzuwenden, ohne mit ihr zu schimpfen. Wir versuchen, ihr nahe zu sein und sie mit warmer Stille zu umgeben wie ein Kind, was in seiner Angst, seiner Unsicherheit oder seinem Schmerz nichts anderes braucht als das stille Mitsein eines vertrauten Menschen. Vielleicht lockt nach einer Weile ein anderer Raum in seine Wahrnehmung und schenkt uns dort eine Anwesenheit, welche die erwähnte Verkrampfung vielleicht mildert. Möglicherweise regt sich aber auch während des leisen Mitseins unter der scheinbar undurchdringlichen Festigkeit ein kleiner zarter Atem, der uns erstmals zum Da-Sein einlädt und uns dann weiterführen kann. Wir müssen und sollten aus dem kleinen Atem keinen großen Atem machen. Meist braucht es nicht mehr als genau das: „Der kleine, feine Atem nimmt mehr Substanz auf aus weniger Luft. Den kleinen Atem finden heißt vor allem: nicht machen – nicht gezielt atmen"[18] (Cornelis Veening).

Sitzen

Wir nehmen uns Zeit, die äußeren Bewegungen langsam ausschwingen zu lassen, aber ohne uns in einer starren Position einzurichten. Kleine Neigungen des Kopfes können hilfreich sein, eine Besänftigung der inneren Haltung zu bewirken. Vielleicht können wir schon im Ankommen versuchen, die Stirn zu entspannen, indem wir den Hinterkopf in unsere Wahrnehmung hineinnehmen und weich öffnen. Die Augen dürfen sich ausruhen, indem sie möglichst absichtslos mal ihre unmittelbare Umgebung wahrnehmen, mal in die Ferne schauen, bis sie sich von selbst langsam schließen, in ihrem Hintergrund ruhen und möglicherweise sich zum Hinterkopf hin entspannen.

---

17 Cornelis Veening, zitiert von Irmgard Lauscher-Koch, in: Texte zum Atem, Köln 2006

18 Cornelis Veening, zitiert von Elisabeth von Gunten, in: Texte zur Erinnerung …

Ohne spontane Bewegungen abzubrechen, geben wir uns – wenn wir uns darin finden können – dem sanften Schaukeln hin, zu welchem uns das knöcherne Rund der Sitzbeinhöcker einlädt. Können wir uns der Breite des Gesäßes und dem Beckenboden anvertrauen, unserer ganz persönlichen Erde? Vielleicht können wir diese unsere Basis eine Weile ausmessen: zwischen Steißbeinwurzel und Schambein und von Hüfte zu Hüfte, bis wir uns langsam in unserer Mitte einpendeln. Im stiller werdenden Sitzen könnten wir versuchen, mit dem Erdenraum unter unserer Sitzfläche Kontakt aufzunehmen, so als würden wir in ihn hineinlauschen und hineinschauen.

Pause

Zwischen jeder inneren Wahrnehmung oder Bewegung ist es gut, Pause zu machen, für eine Weile ohne Absicht nur da zu sein und Stille in uns atmen zu lassen. So lange bis wir gesättigt sind und ein Raum, eine Verbindung, eine Dunkelheit oder eine Helligkeit, eine Kühle oder Wärme, eine Verkrampfung, ein Unbehagen, eine Bewegung oder eine wohlige Dichte nach unserer Aufmerksamkeit ruft.

Zwischen Oben und Unten

Wenn es uns möglich ist, lauschen wir mit unserem inneren Ohr in unseren Körper und begegnen uns schauend mit unseren inneren Augen. Wer bin ich, die ich auf dem Hocker sitze? Wer bin ich zwischen Beckenboden und Schädeldecke. Wer bin ich zwischen meiner persönlichen Erde und meinem persönlichen Himmel? Unter mir die unergründliche Tiefe der Erde, über mir die unendliche Weite des Himmels. Wir lassen uns Zeit, wachsam und still anwesend zu sein, die Stirn zum Hinterkopf zu entspannen und die Last der Schultern zur Erde hin abfließen zu lassen. Vielleicht hilft es uns, wenn wir die Breite des Rückens und den Raum hinter dem Rücken wahrnehmen können. Gibt es eine Position, in der die Arme entspannt da sein können, vielleicht über den Oberschenkeln liegend, die Hände mit den Handinnenflächen auf den Knien? Mir hilft meist die Wahrnehmung der Zärtlichkeit in den Ellbeugen, mich in eine empfangende sanfte Energie einzuschwingen, die sich in mir und um mich entfalten möchte. Der weite Raum, der sich so zwischen den Armen öffnet, kann unsere Mitte aufatmen lassen. Die Ellbogen neigen sich zur Erde – ein liebevoll-neugieriger Kontakt zwischen Oben und Unten.

Handaugen und Fußaugen

Können wir unsere Füße wahrnehmen, vielleicht indem wir ihre Form genauer erspüren – die Zehen, den höhligen Raum in der Fußmitte, die weichen Ballen der Fersen, die Gelenke? Wie nehmen wir unsere Hände wahr? Die Handmitten versuchen Kontakt aufzunehmen zu den Fußmitten – wie Handaugen und Fußaugen, die gemeinsam in die Erde schauen. Über die Füße können wir alles, was uns bewegt, in die Erde abgeben und ihre wortlosen Antworten empfangen. Wie fühlt sie sich für mich persönlich an: die Erde unter meinen Füßen? Vielleicht kann die Beziehung von Handmitten, Fußmitten und Erde uns ein erstes Gefühl von Aufrichtung geben, welche nicht von Außen hergestellt wird, sondern von Innen geschieht.

Sammlung

Was brauchen wir, um für eine Weile ohne Anstrengung mit dem Gefühl von Gelassenheit sitzen zu können? Können die Oberschenkel etwas von ihrer Spannung loslassen, ihrem Immer-auf-dem-Sprung-sein? Vielleicht dürfen wir teilhaben am breiten Sitz, der Zufriedenheit und der Erdverbundenheit einer alten Bäuerin, die nach getaner Arbeit vor ihrem Haus sitzt? Auch Knie und Schienbeine – meist auf dem Sprung – werden eingeladen, sich im persönlichen Erdenraum unter unseren Oberschenkeln und hinter unseren Waden auszuruhen. Vielleicht kann hier ein sehr ursprüngliches Leben mit unserer Anwesenheit zum Blühen erweckt werden? Oberhalb der Steißbeinwurzel – mit ihrer gefühlten Verlängerung zur Erde hin – lädt uns das Sakrum (Kreuzbein) zur Ruhe und Sammlung ein. Die Anwesenheit im Sakrum kann uns mit einem „satten Daseinsgefühl" (I. Lauscher-Koch) beschenken, wenn wir uns ihm anvertrauen und uns dort niederlassen. Es ist der Ort, wohin sich alle Lebenskräfte, die wir aufnehmen, sammeln können, der uns Wärme, Vertrauen und Lebendigkeit schenkt, für die wir keine Leistung erbringen müssen.

Vielleicht mögen wir aus dieser Anwesenheit heraus unsere Knie ein wenig vor und zurück bewegen und dabei ihre Verbindung zum Sakrum spüren: Ein inneres Schreiten, bei dem sich auch die Leisten sanft öffnen können – lebendige fein gestimmte Tore zwischen unserer persönlichen Erde und der Erde unter uns, welche uns Nahrung und Leben schenkt. Dabei ist wichtig, ein zartes Öffnen der Leistentore genauso liebevoll zu begrüßen und anzunehmen wie die Wahrnehmung ihres Verschlossenseins. Der so angeregte Raum mit Beckenboden, Schambein und Leisten ist nämlich nicht nur ein Raum vitaler Lebenskräfte, sondern kann auch Ort äußerster Demütigung und Verletzung sein. Es ist wichtig, dass wir alles, was uns dort begegnet, zu uns einladen und auch die Dunkelheiten lieben lernen in ihrem Schutz, der sie für uns waren oder sind. Dann kann jede zu ihrer Zeit die Zartheit des inneren Atems Begegnung ermöglichen mit den vitalen Lebens- und Liebeskräften im Raum des tiefen Beckens und zu einer fein gestimmten Atmosphäre aus Sonne und Wind, Stille und Bewegtheit, Licht und Dunkel werden.

Rückbindung mit zärtlicher Kraft

Wie nehmen wir unseren Rücken wahr – in seiner ganzen Länge und in seiner ganzen Breite? Wo fühlen wir Kraft, Schwäche, Schmerz, Leere oder Wärme? Es ist gut, wenn wir mit unserer Wahrnehmung dort verweilen und alles Unangenehme oder Diffuse mit Milde umhüllen. Vielleicht können wir ein wenig mehr nachgeben, wenn wir noch einmal die Zärtlichkeit der Ellbeugen und den weiten Raum, der sich zwischen ihnen öffnen kann, erspüren. Eine Intensivierung dieser zärtlichen, weichen Kraft ist möglich, wenn wir den Raum unter den Schlüsselbeinen erspüren – vielleicht eine Hand für eine Weile still dort ruhen lassen.

Es ist oft wohltuend, wenn wir beide Hände auf den Raum der Nieren legen. Neben dem Sakrum können die Nieren den Rücken mit einer sehr nährenden, behütenden und wärmenden Kraft ins Leben rufen. In ihrer Urform und ihrer Beziehung nach Unten, Hinten und Innen können sie stützend und Beziehung stiftend sein. Sie können als dunkler tiefer See erfahrbar werden, uns aber auch mit einer sehr feurigen Energie durchströmen. Hier ist oft auch ein Ort tiefer Trauer und tiefer Verletzung, so dass unsere Berührung niemals fordernd, sondern sehr liebevoll und wohlmeinend sein sollte.

Nieren und Nabel stehen in enger Verbindung miteinander. Der Nabel kann sich sowohl zum Sakrum hin betten wie auch Beziehung zu den Nieren hin finden und so mit ihnen zusammen den Raum eines inneren Dreiecks bilden. In dieser Bezogenheit kann das ursprüngliche kindliche Daseinsempfinden des „Ich bin" im Nabelfeld ein unangestrengtes Vertrauen gewinnen.

Dies alles braucht vor allem Zeit, Geduld und immer wieder die Annahme dessen, was jetzt ist. Das Nabelfeld birgt in sich nicht nur die Qualität eines natürlichen kindlichen Selbstbewusstseins, welches uns in Würde ins Leben gehen lässt, sondern ist auch Ort, an dem Zurückweisung und Missachtung körperlich erfahrbar werden. Bei dem Einen ist er vielleicht sehr ins eigene Innere zurückgezogen, beim Anderen weit nach vorne gewölbt. Uns auch darin mit Mitgefühl zu begegnen, kann ein erster Schritt in unsere persönliche Mitte sein.

Wärme

In unseren Organen kommen wir an unseren emotionalen Bedingtheiten und Wirklichkeiten nicht vorbei. Das, was uns dort entgegenkommt, mag manchmal sehr schmerzlich sein und oft nicht zu den edlen Bildern passen, die wir von uns haben. Hier kann die ganze Palette menschlicher Wohlgefühle, Bedürftigkeiten, Enttäuschungen, Bitterkeiten, Traurigkeiten, Wünsche, Sehnsüchte, Ehrgeize, Entmutigungen usw. verortet sein. Hier kann trennender Neid ebenso gären wie freundschaftliche Verbundenheit. Ich möchte hier nicht auf mögliche Zuordnungen verschiedener Organe eingehen. Wichtig ist nicht das diagnostische Hinsehen, sondern der immer neue Versuch, Beziehung zu finden, anwesend zu werden, zu lauschen, zu fühlen und wahrzunehmen, wie in der Zuwendung zu uns selbst Wärme und Weite entstehen kann. Wenn wir uns hier nicht in Gut und Böse einteilen, sondern mit unserer ganzen Ambivalenz manchmal die Katze am warmen Ofen sind, dann können sich unsere emotionalen Muster aus ihrer Zwanghaftigkeit befreien und sich in Gemütskräfte verwandeln, die tiefe Freundschaft und Versöhnung mit uns selbst und unseren Mitmenschen ermöglichen.

Atemflügel

Vielleicht kann uns die Wärme des mittleren Raumes helfen, im Zwerchfell zu entspannen. Wir können unsere Hände unter die unteren Rippenbögen legen und uns Zeit nehmen, im Rhythmus des Auf und Ab und des Innen und Außen mitzuschwingen. Wenn wir dieser Schwingung nachspüren, lässt sie uns eine Verbindung fühlen zur Atemschwingung im tiefen Becken, die uns zum Verweilen einlädt. Können wir wahrnehmen, wie sie sich zum Rücken hin wie eine Welle fortsetzt?

Es kann eine Hilfe sein, wenn wir eine Hand liebevoll-ruhig auf die Mitte eines unserer seitlichen Rippenbögen legen. Der Atem kann hier Weite bekommen mit allem, was wir gerade sind. Hier ist auch einer der Orte, an denen die klaren und stillen Hände eines Menschen, der für uns da ist, als ein beruhigender und Vertrauen gebender Kontakt empfunden werden können, der manch innerem Gefangensein ein Fenster öffnet.

Wie ein Panzer kann uns nämlich der Brustkorb aus Rippenbögen, Brustwirbeln, Schlüsselbeinen und Schulterblättern werden. Doch so wie keine Rüstung absolute Sicherheit gewähren kann vor den Bedrohungen unseres irdischen Lebens, so kann dies auch der schützendste Panzer um Herz und Lunge nicht. Die Erfahrung der Zwischenräume zwischen den Rippen, der sanften Höhlen unter den Schlüsselbeinen und die Wahrnehmung der Achselhöhlen kann uns helfen, die persönliche Qualität unserer Offenheit, Ungeschütztheit und weichen Kraft zu erfahren. So können wir erleben, dass wir nicht nur in Festigkeit und Begrenzung, sondern auch in Flexibilität, Verletzlichkeit und Empfänglichkeit persönlich anwesend sein können. Dann können die Lungen aufatmen und zwischen Innen und Außen, Geben und Nehmen wie ein Akkordeon schwingen und klingen.

Das Geheimnis des Herzens

Es gibt viele Möglichkeiten, eine Atemmeditation für sich persönlich ausklingen zu lassen. Wenn es für uns stimmt, können wir (wie schon bei der Behandlung beschrieben) eine Hand auf oder unter den Nabel und die andere Hand auf die Brustmitte legen und den Kopf ein wenig neigen – ich könnte auch sagen: mich verneigen vor dem Geheimnis, was uns hier begegnet. Der Raum des Herzens wird in der Atembegegnung nur sehr behutsam angesprochen. So wie wir den Atem nicht beeinflussen, sondern eher seinen Spuren folgen, so lassen wir das Herz frei von allen Absichten, dort etwas Bestimmtes zu fühlen. „Das Herz gehört Gott" pflegte Cornelis Veening zu sagen und Irmgard Lauscher-Koch sprach vom großen stillen Raum, der das Herz ist. Die körperlich-emotionalen Klärungsprozesse geschehen in anderen Räumen. Je mehr wir anwesend und lebendig sein können in der Ganzheit unserer körperlich-emotional-geistigen Wirklichkeit, umso mehr wird das Herz und wird die Seele frei von unseren Wünschen, Sehnsüchten, Hoffnungen und Traurigkeiten und um so mehr kann das Herz in seiner ihm eigenen Weise ruhig und still da sein und lauschen.

„Schweige und höre! Neige deines Herzens Ohr. Suche den Frieden!" Dieses Lied gehörte viele Jahre zu meinen religiösen Lieblingsliedern. Doch allzu eifrig sollte unser Suchen nicht sein. Sonst könnten wir mit unserem Eifer das Geheimnis des Herzens und der Liebe stören, denn deren Natur ist scheu wie die des inneren seelischen Atems. Wir verstören sie, wenn wir sie besitzen wollen. Wer das Gute, die Liebe und den Frieden mit persönlichem Eifer erreichen will, verriegelt in sich die Tore, aus denen ihm die Sonne des Herzens entgegenstrahlen kann. Sind sie offen, dann kann uns das hintere Herztor (der Raum zwischen den Schulterblättern) ein offenes Fenster werden für Liebe und Wärme. Dort, wo in Bildern den Engeln ihre Flügel wachsen, können auch uns Flügel in die Welt hinein wachsen, die über unsere Hände das Empfangene nährend, heilend und gestaltend weitergeben.

Die Handwerkszeuge der Atemwegbegleitung

Atemwegbegleitung und Selbsterfahrung

Was brauche ich, um Menschen atemtherapeutisch begleiten zu können? Diese Frage kann nicht getrennt werden von der Frage nach der notwendigen Nahrung für meinen persönlichen Weg mit dem inneren seelischen Atem. Die gleichen Qualitäten, die wir für unseren persönlichen Atemweg brauchen bzw. im Laufe der Zeit erwerben, sind auch notwendig, um andere Menschen begleiten zu können. Können wir nur weitergeben, was wir selbst empfangen und entwickelt haben? Ja und Nein! Der Weg mit dem seelischen Atem ist ein lebenslanger Prozess von Selbsterfahrung und Welterfahrung. Je weiter unser inneres und äußeres Blickfeld geworden ist, umso weiter ist auch der Raum, den wir denen, die wir begleiten, geben können. Und umso mehr und besser können wir sie wahrnehmen und in ihrem Prozess der Selbstentdeckung und Selbstentfaltung ermutigen und begleiten. Aber da der seelische Atem – wie auch der physische – autonom ist, ist er nicht abhängig von unserem Können und unserer Weisheit. Es ist möglich, dass wir, wenn wir Menschen im Atem begleiten, selbst in Räume geführt werden, die uns bisher fremd waren, weil es für die Andere wichtig ist. „Unsere Patienten bringen uns unseren Schatten" sagte Irmgard Lauscher-Koch immer wieder.

Da ich glaubte, schon viele Schatten ins Licht gebracht zu haben, war ich für mich persönlich skeptisch dieser Aussage gegenüber. Meine ersten eigenen Behandlungen belehrten mich eines Besseren. Meinen eigenen Prozess hatte ich noch steuern können – auch wenn Unerwartetes mir auch da begegnete. Den meiner Klientinnen wollte und konnte ich nicht steuern. Nach einigen Stunden wusste ich, was das Wort „Arbeit" in der Arbeit als Atemtherapeutin bedeutet: Die Bereitschaft, sich selbst immer wieder in Frage zu stellen, die eigenen Dunkelheiten auszuhalten, mit ihnen zu sein und zu gehen, ohne zu wissen, ob und wann sie von einem Licht erhellt werden. Allerdings wächst im Laufe der Jahre ein Erfahrungswissen um die grenzenlose Vielfältigkeit und Differenziertheit unseres Atemkörpers, welche die Bedrohlichkeit des Dunkels mildert. Wir lernen zu vertrauen, dass uns aus der Tiefe, aus dem Hintergrund und aus unserem Herzen immer wieder die Antworten und die Stille geschenkt werden, welche wir brauchen, um wachsen zu können.

Die Atemwegbegleiterin als Handwerkerin

Atemtherapie im Sinne von Cornelis Veening und denen, die seine Arbeit weiterentwickelt haben, hat viel von einem Handwerk. Die Haltung, die wir im Laufe unseres Lern- und Entfaltungsprozesses erwerben und erwerben müssen, um den Menschen, die wir begleiten, gerecht zu werden, kann mit der einer erfahrenen Handwerkerin verglichen werden. Diese ist so vertraut mit dem Gegenstand ihres Tuns, dass sie diesem mit nüchterner Ruhe und Einfühlung begegnen kann. Es ist der Gehorsam den Dingen und ihren Gegebenheiten gegenüber, die manche alte Handwerkerin mit einer meditativen Haltung beschenkt, in der Bei-sich-selbst-sein, Selbstvergessenheit, Zuwendung und Sachlichkeit zusammenklingen. Eine Meisterin kann werden, die sich selbst in ihrem Tun nicht mehr bestätigen muss. Dann kann sie allem, was ihr begegnet, so viel Raum geben, dass sich dessen Wesen und persönliche Gestalt mehr und mehr offenbaren kann. Bis dahin ist es ein langer Weg des Reifens, des Erwerbs von Kenntnissen, der Erfahrung und des stetigen Übens.

Cornelis Veening grenzt die „Atem-Arbeit" klar von allen schnellen Erleuchtungs- und Heilungswegen ab. Die „innere Landschaft" und das „andere Ich" („ein völlig affektloses, ein wissendes, es hat bestimmte Eigenschaften, es weiß von den Dingen der Welt und zugleich von den Dingen der Tiefe, es horcht auf die Quellen und verfällt den äußeren Dingen nicht"(Cornelis Veening)[19]) und alle Erfahrungen, die wirkliche Verwandlung bewirken, können nicht durch äußere Kräfte, Vorsätze, positives Denken, übersinnliche Erfahrungen und andere Angebote, die es heute in Büchern, Kursen u. a. zu kaufen gibt, erworben werden. Cornelis Veening ist überraschend aktuell, wenn er darauf hinweist, dass die Entfaltung der inneren persönlichen Landschaft und die Verwandlung des Ich „nur durch fortwährende Arbeit an sich selbst in Erfahrung zu bringen und zu erreichen sind, und nicht etwa durch Experimentieren oder durch theoretische Information. Sie (die Zuhörer) können sicher auf mancherlei Weise etwas erreichen und bewirken, z.B. durch Suggestion, durch Magie, durch Wunschkraft u. a., aber es ist nicht das Bewirkende, das hier wirkt, diese Dinge müssen vielmehr gelassen werden; denn die Natur der in diesen Praktiken liegenden Dämonie will es, dass durch ein solches Tun nur neues Begehren hervorgerufen wird. Echte Erfahrungen machen dagegen bescheiden" (Cornelis Veening).[20]

Echte Erfahrungen gehen nicht vorbei an und überheben sich nicht über unser menschliches Gewordensein. Auf dem Weg zu einem weiteren größeren Ich kommen wir an uns mit unserem kleinen Ich nicht vorüber. Wir können uns mit unserer persönlichen Geschichte nicht überspringen. Die ehrliche Begegnung mit uns selbst macht bescheiden, mitfühlend und wissend, was menschliches Sein überhaupt betrifft. Neben dieser stetigen Erfahrung unseres Gewordenseins erfahren wir in der Atem-Arbeit entlang und mit diesen persönlichen Prozessen eine innere körperlich-seelische Ordnung und Architektur, in der wir uns erfahren können, in der sich unser Wollen beruhigen und aus der heraus sich unsere Persönlichkeit absichtslos entfalten kann. Wenn unser Ich in diese Ordnung hineingenommen wird, kann unsere Seele immer freier in uns

---

19 Cornelis Veening in: Das Bewirkende (Mitschrift v. Herta Grun, Berlin 1947, in: Texte zur Erinnerung …)

20 s. o.

atmen und in uns, um uns und in die Welt hinein wirken und Verwandlungen und Heilungen ermöglichen.

Körperweisheit und Seelenkunde

Im Laufe vieler Jahre selbst erfahrener atemtherapeutischer Einzelbehandlung und der Schulung in Wahrnehmung und kontemplativem Gewahrsein im angeleiteten Sitzen entwickelt sich ein reiches Erfahrungswissen körperlich-seelischer Anwesenheiten, Beziehungen und Verbindungen. Auch wenn es keine allgemeingültigen Gesetze gibt, so gibt es doch menschliche Gegebenheiten und Wirklichkeiten, die wir – auch wenn in persönlich gefärbter Weise – alle teilen. Es gibt Ordnungen des Körperlichen und des Seelischen, welche kein einengendes Korsett, sondern ein Kleid sind, mit dem wir in der Welt sein können. Diese Ordnung ist beruhigend, nährend und tragend für all das, was sich im Laufe des Atemweges zeigt. Wir lernen, uns ganz persönlich wahrzunehmen – in all unseren Schätzen, Verletzungen und Verwirrungen. Gleichzeitig werden wir aber hineingenommen in die Ordnung unseres Atemhauses, was größer ist als unser eigenes Ich und doch ganz persönlich gefärbt.

So wie kein Kleid, welches eine Schneiderin für einen Menschen persönlich anfertigt, einem anderen gleich ist, so ist auch keine Atemtherapie und keine Atemmeditation wie die andere. Damit das Kleid wirklich auf den jeweiligen Menschen zugeschnitten ist und eine Atemtherapie dem Klienten in seiner gegenwärtigen Situation gerecht wird, braucht es neben Intuition und Einfühlungsvermögen auch Können und Erfahrung. Je größer das persönliche Erfahrungsspektrum der Atemtherapeutin ist, um so mehr Variationsmöglichkeiten stehen ihr zur Verfügung, um auf die jeweiligen Gegebenheiten angemessen reagieren zu können. Nicht zuletzt ist es dieses, welches ihr die nötige Ruhe gibt, um die Menschen, die sie begleitet, wirklich sehen zu können.

Der stille Raum

Aber nicht nur Wissen und Erfahrung schenken diese Ruhe. In der Begegnung mit dem seelischen Atem ist Ruhe als solche Weg und Ziel zugleich. Der Atem kommt aus der Stille und führt in die Stille. Er ist der Klang, der Geschmack, der Geruch und die Bewegung der Stille. Das Einüben in die Erfahrung stillen Da-Seins ist darum wesentlicher Teil des atemtherapeutischen Prozesses. Dies geschieht durch lange oder kürzere Phasen des Schweigens sowohl im Sitzen als auch in der Einzelbehandlung. Dadurch öffnen sich Räume um uns, zwischen uns und in uns, die zart gewebt und dicht, nah und weit zugleich sind und in denen unser Wollen und Streben zur Ruhe kommt, weil wir in ihrer stillen und nährenden Gegenwart wenigstens für Momente einfach nur da sein dürfen. „Um alles, was ist, gibt es einen Raum der Stille". Dieser Satz von Irmgard Lauscher-Koch während eines atemgeführten Sitzens war ein wichtiger Meilenstein während meiner Ausbildung. Ob in der bewussten Atemarbeit oder im Leben: Immer wieder erinnerte ich mich seitdem an diese Möglichkeit. So manche Sackgasse oder Blockade, so mancher Schmerz und manche Angst wurden dadurch gemildert. Nicht weniger wichtig ist dieses Erinnern vielleicht in Momenten der Freude und des Glücks, damit das Leben in all seinen Facetten eine Tür zum Raum der Stille werden kann. In diesem Raum finden wir alles, was wir zum Leben brauchen: Geborgenheit, Weite, Weisheit, Liebe, Heilung und Verwandlung ins Leben und ins Sterben.

Nichts Tun und Pausen

Ein wichtiges Tor zur Ruhe des Herzens und aller Sinne ist für Therapeutin und Klientin gleichermaßen das Nichtstun im wahrsten Sinne des Wortes. „Pause. Gar nichts mehr tun. Alles wieder loslassen und nichts suchen. Einfach nur dasitzen wie in Abrahams Schoß." Mit diesen Worten versuchte Irmgard Lauscher-Koch uns aus dem Bemühen der Wahrnehmungsarbeit (die eigentlich kein Bemühen sein sollte) ins Nichtstun zu locken. Wirklich Pause machen ist gar nicht so einfach an einem Lern- und Erfahrungswochenende und ebenso wenig in einer Einzelbehandlung. Und dennoch ist sie elementarer Bestandteil jeder Atembegegnung und ebenso wie die Stille und mit der Stille Weg und Ziel zugleich. Pause machen während einer Einheit von geführter Atembegegnung im Sitzen. Pause machen zwischen den Einheiten. Pause machen danach, welche meist ausgiebige Ruhepausen im Liegen bedeuteten. Danach Tee trinken und Kekse essen. Pausen während der Einzelbehandlung. Pause zwischen Rückenlage und Bauchlage. Pause zwischen Behandlung und Gespräch. Pausen nach einer kürzeren oder längeren atemtherapeutischen Begleitung: Dies gibt Möglichkeit zum Verdauen, Verknüpfen und Verbinden. Und es ist die Erfahrung von und die Einübung in die Qualität des Nichtstuns ohne den inneren Vorbehalt, dass es eigentlich Wichtigeres gibt. Nichtstun nicht aus Erschöpfung, sondern weil es zum Leben gehört, wie die Pause zwischen Aus- und Einatmen.

Das Tor des Nichtwissens und das Vertrauen in die Atemweisheit

„Es geht mir um das geliebte, kleine Licht im Dunkeln"
(Cornelis Veening)[21]

Alles erworbene Wissen und alle geschenkte Erfahrung immer wieder abgeben und die Momente aushalten, die uns mit Leere, Unsicherheit und dem Gefühl erfüllen, niemals irgendetwas über Atemwege gelernt zu haben; uns darin üben, in diesem Nichtwissen immer ruhiger zu werden und es als eine Seinsweise zu erfahren, der wir uns anvertrauen können: Sowohl im eigenen Atemweg wie auch in der atemtherapeutischen Begleitung ist dies das Tor zu bisher verborgenen oder neuen persönlichen und überpersönlichen Räumen. Im Nichtwissen wird der nächste Schritt geboren – nicht mehr, aber auch nicht weniger.

Wenn wir dem Atemweg folgen und dabei lernen, auf unsere Seele zu hören, ist die Schrittfolge selten logisch und linear. Auf jeden Fall ist sie in der Logik unseres bewussten Denkens oder psychologischer Gesetzmäßigkeiten nicht berechenbar. Wenn uns oder die Menschen, die wir begleiten, ein altes traumatisches Erleben in der einen Stunde gefangen hielt und ein Ende des Tunnels in endlos weiter Ferne schien, kann es sein, dass in der nächsten Therapiestunde sich unerwartet ein körperlich-seelischer Raum öffnet, der eine weite und beglückende Erfahrung ermöglicht. Immer wieder sind wir dann aufgerufen, dem Vergangenen nicht nachzuhängen und das mögliche Kommende nicht vorauszudenken, sondern das anzunehmen, was sich uns jetzt zeigt. Es ist nicht unsere Aufgabe, nach der verborgenen Logik zu forschen oder den Sinn zu erkennen, sondern mit dem zu gehen, was jetzt ist – mit der lichten Wärme, wenn sich lichte Wärme zeigt, mit der einschnürenden Angst, wenn sich einschnürende Angst zeigt, mit der öden Durststrecke, wenn im Moment keine Entwicklung möglich ist oder mit der unspektakulären Stabilisierungsphase, die alles erdet und Raum zum Verdauen gibt.

„Immer wieder geht der Atem eigene Wege. Und wir brauchen nur zu lernen, uns dem Weg und seiner Weisung anzuvertrauen" (Irmgard Lauscher-Koch).[22] Wie bereits beschriebene Qualitäten des Atemweges so ist auch das Vertrauen in die Weisheit des seelischen Atems Weg und Ziel zugleich. Es gibt keinen Punkt in unserem Leben, an dem wir dieses Vertrauen wie einen Besitz in Händen halten können. Auch dieses Vertrauen wird uns geschenkt und wir müssen

---

21 Cornelis Veening, zitiert von Elisabeth v. Gunten, s.o.
22 Irmgard Lauscher-Koch, in: Gewahrseinspraxis und Lehre …

es uns immer wieder neu schenken lassen. Wir können es verlieren, wenn wir allzu sicher und stolz in unserem Atemwissen sind. Wir können es immer tragender und uns Weite schenkend gewinnen, wenn wir den kleinen Momenten der Stille eine Chance geben, uns zu berühren in kurzen oder längeren Zeiten des Innehaltens, auch wenn die Erfordernisse des Lebens uns vor sich her zu treiben scheinen. Wir können es gewinnen, wenn wir immer mehr lernen mit dem zu sein und dem zu begegnen, was in diesem Moment und in diesem ganz konkreten Lebensabschnitt uns berühren will. Dann „... erfahre (ich) beglückt, wie jede Situation ihre ganz eigene Energie und Weisheit hat, mit der ich mitschwingen kann" (Irmgard Lauscher-Koch).[23]

Mitgehen mit Mut und Geduld

Mit dem sein, was ist und nicht mit dem, was sein könnte und sollte, uns ganz auf unsere momentane Befindlichkeit einlassen, ohne darin zu verharren: Dies erfordert Mut und Geduld gleichermaßen. Mut, immer wieder dem Unbekannten oder Ungeliebten zu begegnen. Mut, die Wirklichkeit zu sehen, auch wenn sie allen möglichen persönlichen und gesellschaftlichen Konventionen widerspricht. Mut aber auch, das vertraute Gefängnis zu verlassen, wenn die Zeit dafür gekommen ist. Mut, hin und wieder die verbotene 13. Tür zu öffnen ohne jede Gewähr, was sich dahinter verbirgt. Geduld mit mir selbst und die Geduld mit der, die ich begleite. Geduld, an einer augenscheinlich unüberwindlichen Mauer entlang zu laufen, bis wir eine Tür gefunden haben, die nicht fest verschlossen ist. Geduld, wenn wir des Gehens müde sind. Still werden und nachgeben, bis sich in uns ein Raum öffnet, der eine Wirklichkeit von der anderen Seite der Mauer anzieht und so zur Brücke wird.

Für mich war der Zweifel an meiner Geduld viele Jahre das stärkste Gegenargument, mir mich selbst als Therapeutin vorstellen zu können. Wenn ich etwas bei meinen Wegbegleitern und Wegbegleiterinnen bewunderte, dann war es ihre Geduld mit den mühsamen, zähen und langsamen Prozessen, mit der sie mich und Andere begleiteten. Ich konnte mir nicht vorstellen, jemals zu dieser Geduld in der Lage zu sein. Warum es mir nun viel weniger schwer ist, als ich es mir vorgestellt habe? Vielleicht, weil ich endlich gelernt habe, geduldiger mit mir selbst zu sein? Vielleicht, weil ich mich persönlich nicht mehr so abhängig fühle von Erfolgen – also auch nicht von denen als Atemtherapeutin? Weil es mehr um die Stimmigkeit in jedem Moment geht als darum, was darüber

---

23 s.o.

hinaus erreicht wird? Weil der Kontakt mit dem seelischen Atem bei mir und beim Anderen einen Raum öffnet, der mich beschenkt und nährt – unabhängig von den seelisch-körperlichen Prozessen, die ich begleite? Vielleicht von allem etwas und alles zusammen die Früchte eines langen Weges, dessen Ziel wir nicht kennen, weil es mit jedem Schritt geboren wird. Ein Weg, den ich mit der Unterstützung geduldiger bzw. geduldig gewordener oder mit Geduld beschenkter Menschen gegangen bin, für die ich große Dankbarkeit empfinde. Die notwendige Geduld mit den eigenen Verwandlungs- und Heilungsprozessen zu lernen, ist für viele Klientinnen eine der schwierigsten Hürden in ihrer Arbeit mit sich selbst. Spätestens nach der anfänglichen Berührtheit und oft auch Begeisterung kommt oft eine Wegmarke, wo neben dem Wunsch nach Heilung ein Ja zu dieser Art von Weg nötig ist, um fruchtbringend und mit nachhaltigen Bewirkungen weitergehen zu können.

Personale Begegnung

Es gibt auf dem Atemweg wie auch auf anderen persönlichen Entfaltungswegen viele Situationen und Gegebenheiten, vor denen wir innerlich oder auch äußerlich weglaufen möchten. Angesichts von Erstarrungen, Unlebendigkeiten, großen Erregungen oder Schmerzen ist unser erster Reflex uns selbst oder anderen Menschen gegenüber der des Ausweichens. Dies mag eine lange Weile auch ein notwendiger Schutz sein. Aber irgendwann ist der Punkt da, wo wir dem bisher Vermiedenen nicht mehr ausweichen wollen oder können. Dann geht es darum, zu bleiben, zu warten und gleichzeitig mit ganzem Herzen und allen uns verfügbaren Sinnen das zu berühren, zu rufen und anzuschauen, was uns vielleicht abstoßend, starr, aufgeregt oder wie tot entgegenkommt.

Das, mit dem ich in Kontakt kommen möchte, wirklich ganz persönlich meinen, Begegnung suchen von Angesicht zu Angesicht, so wie ein kleines Kind den direkten Augenkontakt sucht mit den Menschen seiner Umgebung. „ Ich schaue dich an. Schaust auch du mich an? Wer bist du, die mich anschaut?" Sich kennen lernen, einander sehen, einander hören, berühren und sich berühren lassen: Dieses behutsame Suchen nach personalem Kontakt ist im Atemweg sowohl das Herz jeder therapeutischen Begegnung, aber auch der inneren Begegnung mit sich selbst. Der Weg mit dem inneren seelischen Atem ist wesentlich auch ein stetiges Erfahren und Erlernen dieser liebevollen, das Du in allem Sein suchenden Art und Weise, sich selbst und Anderen zu begegnen.

Im atemtherapeutischen Sitzen wie auch in der Einzelbehandlung geschieht dies tiefgehend darin, wie wir den körperlich-seelischen Phänomen, Anwesenheiten und Befindlichkeiten in uns und in unserem Gegenüber begegnen. Es ist ein bis auf die Ebene der Zellen hinunterdividiertes Bemühen, Erwarten und Erbitten um Liebe und Gewaltfreiheit im Umgang mit uns selbst und allen lebendigen Wesen – ein Mikrokosmos der Einübung in gewaltfreie Kommunikation.

Geschwisterlichkeit und Neutralität

Je mehr wir von uns selbst gesehen haben, umso geöffneter sind unsere Augen, das Gesicht unserer Mitmenschen zu suchen, zu sehen und zu erkennen. Je vielschichtiger und differenzierter wir uns selbst wahrnehmen umso vielschichtiger und differenzierter können wir auch die Anderen wahrnehmen. Dann wird unser Sehen nicht mehr geprägt von Schwarz-Weiß-Denken oder der Einteilung in Gut und Böse oder Freund und Feind. Wir können die Anderen in ihrem Gewordensein, in ihren Bedingtheiten, ihren Möglichkeiten, Fähigkeiten und Schätzen, aber auch in ihren Verletzungen, Traurigkeiten, Schmerzen und ihrer tiefen Sehnsucht erkennen. Dies kann ein aus Geschwisterlichkeit geborenes Mitgefühl bewirken, welches unsere Mitmenschen nicht zum Objekt des eigenen Mitleids und Helfens macht, sondern Geben und Nehmen in Liebe, Freundschaft und begleitender Unterstützung auf einer nicht-hierarchischen Beziehungsebene ermöglicht.

Die Atemtherapeutin kennt den Weg des Menschen nicht, den sie begleitet. Sie hat lediglich aufgrund ihrer reichen Erfahrungen genug Wissen, aber auch innere Freiheit, um andere dabei zu unterstützen, ihren sehr persönlichen Atemweg und Lebensweg zu finden. Dabei brauchen wir als wichtige Ergänzung zu unserem geschwisterlichen Mitgefühl eine Haltung der Neutralität, die ohne emotionale und gedankliche Überfrachtung unsererseits die Anderen ihren Weg finden lässt. Das „andere Ich", von dem Cornelis Veening spricht, hat diese Qualität: „Es hat eine große Wärme, die Vieles ermöglicht, und hat eine unmittelbare Beziehung zum Zentrum des Herzens, zum überpersönlichen Herzen, nicht zu dem, welches sich an die Dinge hängt, und gibt eine merkwürdige Kühle zwischen den Augen."[24]

---

24 Cornelis Veening, in: Das Bewirkende, s. o.

Forschergeist und Kreativität

Der Umgang mit dem Atem ist „durch und durch schöpferisch". Mit diesen Worten von Cornelis Veening stützt Bettina v. Waldthausen ihre Überzeugung, dass jeder Versuch, die Atemweisheit in der Zuordnung von Körperräumen zu erfassen, nicht dogmatisch zu verstehen ist. Dieses können nur Grundstrukturen sein, „auf der sich persönliche Erfahrung immer wieder schöpferisch neu formulieren kann"(Bettina v. Waldthausen).[25] Das Erfahrungswissen bzw. die Erfahrungsweisheit, wie sie in bisher wenigen schriftlichen Aussagen, im angeleiteten Sitzen, in Gesprächen und in therapeutischer Begleitung weitergegeben werden, bieten kein festes Lehrgebäude, sondern ein offenes System bzw. die Botschaft einer erfahrenen Wirklichkeit, die durch jede Lehrerin und jeden Lehrer, durch jede Therapeutin und jeden Therapeuten und durch jeden Menschen, der sich auf die Begegnung mit der Atemwirklichkeit einlässt, weiterentwickelt werden kann. Dies ist vielleicht neben der Vielfalt der persönlichen Prozesse einer der Gründe, warum Cornelis Veening nie eine Schule gründen wollte. Persönliches und gemeinsames Forschen und Entdecken, Austausch und Ergänzen von Erfahrungen und die Bereitschaft, immer wieder mit offenen Augen hinzuschauen sind wesentliche Grundlagen in der Entwicklung des Atemwissens, im SchülerInnen-LehrerInnen-Verhältnis und in der therapeutischen Begegnung.

Auch wenn das Atemwissen keiner institutionellen wissenschaftlichen Lehre entspringt und sich dort auch nur partiell einfügen lässt, so erfüllt es doch Kriterien naturwissenschaftlichen Forschens und sollte diese auch in jeder atemtherapeutischen Begegnung erfüllen: das Ringen um vorurteilsfreie Wahrnehmung, die Aufstellung vorläufiger Thesen (z. B. in der Beantwortung von Fragen: Welches Atemkörperbild zeigt sich mir? Welche Erfahrungen könnten sich dahinter verbergen?), die Bereitschaft, diese jederzeit zu korrigieren, die Wachsamkeit und Offenheit für das Auftauchen unerwarteter Wirklichkeiten. Schüler und so genannte Klienten sind dabei nicht Objekt des Forschens, sondern werden eingeladen, ermutigt und manchmal auch gefordert, Subjekt ihres persönlichen Atemgeschehens zu werden, welches sie wach und neugierig begleiten. Dieser Prozess zu immer größerer Autonomie (im Zusammenklang mit einer hörenden Haltung gegenüber der Autonomie des inneren seelischen Atems) und kreativer Gestaltung des persönlichen Lebens ist zugleich Ziel und Methode der Atemtherapie.

25 Bettina v. Waldthausen, in: Werkstattnotizen M. G. 2005

Bescheidenheit

„Wie schwer ist es, die Paradoxie auszuhalten, dass es der leeren Hände bedarf …, um der Fülle des Lebens teilhaftig zu werden … Die zentrale christliche Botschaft ist die, dass die größte Ohnmacht die Welt erlöst hat."
(Irmgard Lauscher-Koch)[26]

Die Akzeptanz der eigenen Grenze und der Respekt vor der Grenze des Anderen ist nicht nur eine Grenzfrage, sondern gehört zum Wesenskern atemtherapeutischer Begegnung. Welche Therapeutin möchte nicht gerne manchmal zaubern, heilen oder gesundbeten können, um anderen zu helfen oder sich selbst zu bestätigen? Dies ist menschlich. Bescheidenheit und Demut in sich zu entwickeln, ist darum vielleicht eines der wesentlichen Ziele der atemtherapeutischen Ausbildung und des atemtherapeutischen Prozesses überhaupt.

Wir brauchen das beständige Einüben in die Bereitschaft, uns mehr und mehr von einer Haltung stillen Gewahrseins beschenken zu lassen, die von sich selbst und vom Anderen nichts mehr will, sondern dem Raum gibt, was ist oder eben auch nicht ist. Jede tiefgehende Heilung oder Verwandlung braucht einen Raum wirklicher Freiheit, damit von innen wächst, was nur von dort wachsen kann. In der atemtherapeutischen Beziehung sind beide Partner gefordert, diesen Raum zu respektieren bzw. dies immer mehr zu lernen. Die Therapeutin muss ihre Allmachtswünsche erkennen und loslassen und die Klientin ihrerseits ihre Ansprüche an das Tun und Machen der Therapeutin, damit Räume kleinerer und größerer Freiheit sich öffnen können und dem inneren seelischen Atem eine Chance gegeben wird, das zu bewirken, was dem Leben dient.

26 Irmgard Lauscher-Koch, in. Gewahrseinspraxis und Lehre …

Psychotherapie im Licht des Atems

Das Bedürfnis nach Heilung

Das Wohlbefinden kleiner Kinder orientiert sich daran, ob ihre Bedürfnisse befriedigt sind: Bedürfnis nach Nahrung, liebevolle und fürsorgliche Berührung, personaler Kontakt, Getragenwerden, Bewegung, Rhythmus, Selbstentfaltung in Arbeit bzw. im kindlichen Spiel. Werden Bedürfnisse gesehen, anerkannt und im Ausgleich mit den Bedürfnissen anderer befriedigt, verlieren sie im Prozess des Erwachsenwerdens ihren drängenden Charakter. Mit den Bedürfnissen verfeinern sich auch die Emotionen, die als innere Regungen vor der Äußerung eines Bedürfnisses stehen. Sie werden durchlässiger und geben mehr und mehr dem Raum, was ich Gefühle nennen möchte. Unter Gefühlen verstehe ich die Atmosphäre, die Farbe, den Klang und den Geschmack des eigenen persönlichen Lebens, des eigenen Raumes und des Lebens und der Räume, welche wir um uns herum – nah und fern – wahrnehmen. Gefühle, so verstanden, bewirken persönliche Anwesenheit, differenzierte Wahrnehmung, Stille, Wohlbefinden oder Unbehagen, Verbundenheit, Mitgefühl, Phantasie und intuitive Klarheit für den nächsten Schritt.

Werden primäre Bedürfnisse nicht befriedigt und wird ein Kind missachtet, körperlich und emotional missbraucht oder misshandelt, so wird die primäre Lebensbasis kompliziert, verzerrt oder geht verloren. Ein Mensch wird unfähig, für sich zu sorgen oder die für einen Erwachsenen sinnvollen oder unumgänglichen Begrenzungen zu akzeptieren. Ursprüngliche Emotionen sind dann entweder verkümmert, werden aus ihrem natürlichen Mantel der Gefühle herausgerissen und fühlen sich darum als solche isoliert, eng umgrenzt und gleichzeitig riesengroß an. Ihr Befriedigungsempfinden schwankt zwischen Verhungern und Übersättigung, da es ohne Beziehung in sich selber und ohne gleichzeitigen Kontakt zur Mitwelt keine Zufriedenheit geben kann.

Viele Jahrhunderte wurde in Europa versucht, mit Ethik und Verhaltensregeln Menschen in ihrem So-Sein den verschiedensten Idealen von dem, wie sie zu sein hätten oder wie sie selbst sein wollten, anzupassen. Im vorletzten und vor allem im letzten Jahrhundert keimte die Erkenntnis, dass Menschen aber häufig nicht so können wie sie wollen und nicht selten das Gegenteil davon tun. Die u. a. in der Psychoanalyse ausgesprochene Beobachtung, dass der angeblich freie Wille meist nicht so frei ist, wie zur Verwirklichung religiöser und nichtreligiöser Ideale vorausgesetzt, war diesen meist ein Dorn im Auge.

48

Analytische und humanistische Psychotherapien versuchen, auf unterschiedlichen Wegen, Menschen mit dem in Einklang zu bringen, was diese für sich als lebenswert erkennen. Sie wenden sich vor allem den in der Kindheit verletzten, verdrängten und das Leben verwirrenden Emotionen zu. Gute Psychotherapien versuchen, Menschen dabei zu helfen, jene Muster wahrzunehmen, welche gegenwärtiges Leben beherrschen und verhindern. Sie unterstützen dabei, Bilder von sich und vom Anderen zu überprüfen und ermutigen zu einem Leben in Autonomie und Würde. Überall da, wo verstörte kindliche Emotionen ins Spiel kommen, sind und bleiben Psychotherapien ein wichtiges Element menschlicher Selbstentfaltungs- und Heilungsprozesse und können auch innerhalb religiöser Wege lebensnotwendig sein.

Atembegegnung als Psychotherapie

Ist Atemtherapie in diesem Sinne eine Psychotherapie? Welche Auswirkungen hat sie auf das emotional-geistige Wohlbefinden von Menschen? Kann sie auch bei tiefgehenden emotionalen Verletzungen und Verstörungen heilend und verwandelnd wirken?

Cornelis Veening wollte unter Psychologie „ganz deutlich verstehen und verstanden haben: Arbeit an der Entwicklung der Persönlichkeit". Zur Beziehung von Atem und Psychologie bemerkte er: „Von der Tiefe her gesehen ist der vitale Atem mehr oder weniger vorpsychologisch und problemlos. Später kommt dann ein Atem, der mehr Beziehung zum seelischen Erleben hat und den ich daher den inneren seelischen Atem nennen möchte. Hier ist es notwendig, ein psychologisches Wissen als Orientierung zur Verfügung zu haben und einzusetzen" (Cornelis Veening).[27]

Grundsätzlich gilt für den Weg der Atembegegnung das Gleiche wie in Bezug auf eher körperliche Krankheitserscheinungen: Die Orientierung liegt nicht im Krankheitsbild oder im Geradebiegen einer emotionalen Verstörung, sondern in der Begegnung mit dem persönlichen körperlich-seelischen Sein. Es geht immer um den ganzen Menschen in seinem Gewordensein, seinen Bedürfnissen und Impulsen, seinen Gefühlen, seinen Grenzen und Möglichkeiten, seinen Lebenszielen, seinem Glauben und seiner Körperlichkeit. Indem wir dem seelischen Atem Raum und Zeit schenken, können wir in einem langen – für diejenigen, die es als Teil ihres Lebensweges erkennen: lebenslangen – Prozess

27 Cornelis Veening, in: Vortrag für Heilpraktiker, s. o.

zu unserer persönlichen Gestalt und damit auch zu unseren Lebensgestaltungskräften finden. „Durch den Atem kann ich von der Fixierung an meine Gestalt loslassen und wieder Bezug zum Urgrund finden" (Irmgard Lauscher-Koch).[28] Der Atemweg kann uns führen „von der bedingten Gestalt zur inneren Gestalt, die sich nicht mehr so verpflichtet fühlt und schließlich in die Erfahrung des offenen Gewahrseins." (s. o.)

Daneben und damit kann der Weg mit dem seelischen Atem in seinen Wirkungen eine sehr tiefgehende Psychotherapie sein. Der Atemweg nimmt alles ernst, was sich zeigen will und ins Leben und ans Licht drängt. „Das Ich muss sich kennen lernen und wachsen dürfen"(s. o.). Der Atem bringt oft lange Verborgenes ins gegenwärtige Erleben, wenn die Zeit dafür reif ist. Kindliche Emotionen sind immer an den Körper gebundene Emotionen – auch in ihren verzerrten Formen – und darum vom denkenden Willen so schwer zu beeinflussen. Der lebendige seelische Atem ist im Körper anwesend und erlebbar, aber nicht an ihn gebunden. Das Verbundensein mit ihm kann zwar durch im Körper eingeschlossene Emotionen behindert werden, aber gleichzeitig kann eine Atemwegbegleitung, die über Berührung, Worte und Stille in liebevoller und oft auch beharrlicher Ansprache Atemräume öffnet, dazu beitragen, eingesperrte Emotionen aus ihren Isolationszellen zu erlösen. Die verschlossenen, verhärteten und beziehungslosen Emotionen werden nach und nach geweckt, durchströmt, aufgeweicht und besänftigt. Wenn sie erstmals auftauchen oder sich in den Vordergrund der Wahrnehmung schieben – im Leben, in der Atemmeditation oder in der Einzelbegleitung – werden sie wahrgenommen und mit Anwesenheit, Stille und liebevoller Zuwendung hinein genommen in den persönlichen und überpersönlichen Atemraum.

In sich selbst zurückgezogene und verkrampfte Emotionen können uns plötzlich mit unbekannter Heftigkeit entgegenkommen, aufgeblähte Emotionen können in Stille, Annahme und Verbundenheit leiser werden. Wichtig ist, dass die Äußerungsformen nicht von außen bewertet werden (die inneren Urteile sind meist hart genug), was je nach Persönlichkeit oder ideellem Hintergrund der Atemwegbegleiterin eine der größten Gefahren ist. Alle emotionalen Gestalten – auch die nach unseren Vorstellungen kuriosesten oder abartigsten – sind Rettungsversuche aus Hilflosigkeit oder Verstörung und bedürfen der einfachen liebevollen Wahrnehmung. Dabei kann sich parallel die Suche nach Schuld oder Unschuld und nach Recht oder Unrecht beruhigen.

28 Irmgard Lauscher-Koch, in: Werkstattnotizen M. G. 2004

Erbarmen mit sich selbst bewirkt Erbarmen mit Anderen. Verletzte Menschen können sehr mitfühlende Menschen werden, wenn es ihnen – zunächst mit Unterstützung – gelingt, sich dem verletzten und verstörten Kind in sich selbst mitfühlend zuzuwenden.

Die Atemweisheit kann diejenigen ins Unbewusste verdrängten schmerzlichen Erfahrungen freigeben, welche Menschen in ihrem gegenwärtigen Leben zu tragen in der Lage sind. Eine der Grundhaltungen innerhalb einer Atemwegbegleitung ist die Haltung der Therapeutin, nicht gezielt nach verborgenen Verletzungen und Verstörungen zu suchen oder eine Ahnung oder Vermutung suggestiv der Klientin nahe zu bringen. Denn alles hat seine Zeit, und wir können nicht wissen, wie die Gestalt dessen wirklich aussieht, die sich der, die wir begleiten, Stunde für Stunde mehr offenbart – wie ein Puzzle, dessen Teile der Atemprozess nach und nach ans Licht bringt.

Atemraum als persönlicher Raum

Im Folgenden möchte ich an einigen Beispielen eine mögliche psychotherapeutische Wirkung von Atemtherapien beschreiben. Ich orientiere mich dabei nicht an Krankheitsbildern, sondern an Verletzungen, welche Menschen erlitten haben.

Beispiel Traumata

Nicht selten geschieht es gerade in der Absichtslosigkeit des Atemweges, dass sich hartnäckig Verschlossenes und auftauchende Gestalten als ein schwerwiegendes Trauma entpuppen, von dessen Wirklichkeit diejenige, die wir begleiten, keine Ahnung hatte oder um das sie wusste, aber ohne inneren Kontakt zu dem Geschehenen. Da es gerade im Wesen eines Traumas liegt, dass es im Bewusstsein nicht integriert werden konnte, ist eine wirklich persönliche Beziehung zum Geschehenen und seinen gegenwärtigen Auswirkungen oft überhaupt nur über den Körper möglich. Auch wenn es in einer Atemtherapie nicht zielgerichtet darum geht, Traumata aus ihrem verborgenen Wirken ans Licht zu holen, kann dies doch, wenn es zur richtigen Zeit geschieht, erlösend sein. Lebensblockierungen können gesehen und verstanden werden. Allein dadurch ermöglicht sich mehr Milde mit sich selbst und bereitet den Boden für neue Erfahrungen. Heilung, ob mit dem Wissen um das Trauma oder ohne, geschieht im Zusammenklang von Körper und Seele.

Viele traumatische Verletzungen sind Menschen körperlich zugefügt worden. Sie haben ihnen Schmerzen und Wunden bereitet, ihre körperliche Integrität und Scham verletzt und sie gedemütigt. Auch emotionale Verletzungen, z.B. plötzliche nicht zu integrierende Verluste naher Menschen oder extreme Bedrohungs- und Demütigungserfahrungen, können Verkrampfungen bis hin zu schweren körperlichen Erkrankungen zur Folge haben.

Den eigenen Wahrnehmungen vertrauen lernen, sich selbst zu spüren, und im Körper wieder zu finden, kann Wege öffnen zu Heilung und Neuintegration dessen, was verwundet, abgespalten und gebrochen war.

Ein solcher Integrationsprozess wird einhergehen mit der Erfahrung, dass Menschen immer wieder schützende Mauern um traumatische Verletzungen und die mit ihnen verdrängten Persönlichkeitsbereiche bauen, weil dies ein lebensrettendes Muster war und vielleicht immer noch ist. Auf Grund der Nichtintegration im Bewusstsein liegt es im Wesen eines Traumas selbst, dass es auch nach seinem Auftauchen immer wieder aus dem Bewusstsein verschwindet, wie ein Knochen, den die Erdbewegungen nach Oben gebracht haben, der dann ertastet und angenagt wird, um dann wieder von der Oberfläche zu verschwinden, bis er sich wieder einmal zeigt. Für Atemtherapeutinnen sollte es nicht schwer sein, in dieser Lebensbewegung mitzuschwingen, da Atemwege, die wir begleiten, selten linear sind, jeder Tag neu ist, und wir nie wissen können und dürfen, was uns in der nächsten Stunde erwartet. Vielleicht ist es dann gerade nicht der erwartete weitere Kontakt mit der traumatischen Erfahrung, sondern es schenkt sich uns ein Körpererleben, welches uns mit unserer Lebendigkeit und Leichtigkeit in Berührung bringt.

Beispiel frühkindliche Deprivation

Während Traumatisierungen sowohl in der Kindheit als auch durch Gewalt von Außen im Erwachsenenalter, z.B. durch Folter, Krieg, schwere Unfälle, aber auch seelische Verletzungen geschehen können, entstehen die Folgen dauerhafter Vernachlässigung, plötzlicher Abwesenheit der Bezugspersonen oder auch extremer Symbiosen normalerweise in der frühen Kindheit. Sie sind, ähnlich wie Traumatisierungen und oft mit diesen gekoppelt, dem Bewusstsein kaum zugänglich, aber haben genau wie diese gravierende Auswirkungen auf das gesamte körperlich-seelische Empfinden, auf das Finden und Verwirklichen von Lebenssinn und Lebenszielen und können dem Betroffenen das Leben zu einer andauernden Qual machen. Alle Selbstentfaltungsangebote sportlicher, meditativer und religiöser Art oder auch soziale und politische Engagements lösen die Verkrampfungen in Körper und Emotionen oft nur wenig, werden aber nicht selten zur Ersatzgestalt für das nährende liebevolle Gegenüber. Persönliche Liebe und Freundschaft wirken oft die Not lindernd, aber können nur schwer entfaltet werden oder – wie bei einem Fass ohne Boden – die zu frühe Entbehrung nicht ausgleichen.

Die lauschende und behutsam begleitende Atemtherapie, wie ich sie beschrieben habe, kann – zunächst in der persönlichen unmittelbaren Berührung durch die Hände der Therapeutin – eine der Hilfen sein, im eigenen Körper und im persönlichen seelischen Atem ein Zuhause zu finden, was mir nicht mehr verloren gehen kann. Dies braucht allerdings Zeit, Geduld und Mitgefühl von Seiten der Therapeutin – und zunehmend für die, welche begleitet wird, mit sich selbst. Oft geht es eine lange Strecke vor allem um behütende und nährende Berührung, bis die Empfangende in der Lage ist, sich selbst nicht mehr immer neu und letztlich aussichtslos fordernd, sondern liebevoll und mitfühlend zu begegnen. Parallel dazu kann für sie selbst schmerzlich erfahrbar werden, welche Spuren Vernachlässigung und Verlassenwerden im Körper hinterlassen haben. Nach und Nach können bisher verschlossene Körper- und Seelenräume gegenwärtig und lebendig werden und somit Starre und Isolation sich für wachsende Zeiträume lösen. So kann Beziehung in sich selber gefunden werden und die vorsichtig sich entwickelnde Fähigkeit zur Du-Beziehung sich im Kontakt mit der Therapeutin erproben.

Beispiel Selbstwertverstörungen

Die meisten von uns können ihren alltäglichen Wahrnehmungen (bzw. dem was sie für wahr halten) in mitmenschlichen Beziehungen wenig trauen. Zum einen ist unsere Wahrnehmung geprägt von vergangenen Erfahrungen, Vorstellungen und den entsprechenden Vorurteilen, zum anderen ist die nach außen sichtbare Gestalt eines Menschen und das, was er in Gebärde, Blick und sprachlichem Ausdruck von sich zeigt, selten identisch mit dem, wie er sich selbst fühlt. Die einen verbergen ihre Schwächen, die anderen ihre Stärken. Die einen machen sich nach außen klein – vielleicht aus Angst, unerfüllbare Erwartungen zu wecken, die Anderen machen sich groß – ängstlich darauf bedacht, dass das innere so vermeintlich schlechte Wesen nicht entdeckt wird.

Die heikle Frage des Selbstwertes scheint so alt wie die Menschheit zu sein – wie dies u. a. in der hebräischen Bibel beschrieben wird. In der Geschichte vom sogenannten Sündenfall ist das wirklich von Gott Trennende nicht die Verführung zu Lust und Erkenntnis, sondern die Scham, welche Menschen sich voreinander und vor Gott verstecken lässt. Und in der Geschichte von Kain und Abel steht nicht die augenscheinlich weniger gute Tat des Kain am Beginn aller menschlichen Kriege, sondern seine mangelnde Selbstakzeptanz und der daraus erwachsende Neid. Alle Verstörungen, Neurosen und Psychosen entstehen aus zwischenmenschlichen Grundbefindlichkeiten. Angst vor Ablehnung, Scham und Enttäuschung lebt in jedem von uns als Grundfrage. Menschen brauchen, vor allem als Kinder, Ermutigung und Stütze, damit diese Verletzlichkeiten sich besänftigen können. Wenig ermutigende oder verklärende Beziehungen von Eltern zu ihren Kindern können die menschliche Selbstwertproblematik nicht nur nicht beruhigen, sondern so verschärfen, dass es ein authentisches und den eigenen Fähigkeiten und Grenzen angemessenes Erwachsenenleben behindert oder verhindert.

Jede Art von Atem- und Körpererfahrung, welche mit dem persönlichen Entfaltungsprozess schwingt, kann zur Möglichkeit werden, mich selbst so anzunehmen, wie ich bin. Sie kann den schmerzlichen Spagat zwischen Bildern, Vorstellungen und Idealen von sich selbst und der besseren oder schlechteren – meist aber verwirrend anderen – Wirklichkeit besänftigen. Selbst dann, wenn das eigene Selbstbild von der persönlichen Wirklichkeit kaum verschieden ist, kann es – im Körper und im Atem erfahren – auf eine neue, innigere Weise erlebt, angenommen und mit der Seele verwoben werden, in der wir mit allem, was lebt, verbunden sind. Unser Ich-Erleben ist dadurch weniger begrenzt und verliert seinen Festungscharakter. Wir müssen es umso weniger nach Außen verteidigen, je mehr die Mauern zwischen Innen und Außen fallen zu Gunsten von sanften Übergängen, auf denen vielfältige Blumen blühen können, deren Wachstum wir nicht bewirken müssen.

Im Raum des Zwischenmenschlichen

Vor allem bei Selbstwertverstörungen und Verletzungen, die eine solche zur Folge haben, ist es für die Identitätsbildung betroffener Menschen wichtig, einem zugewandten, offenen und ehrlichen Gegenüber zu begegnen. Neben ihrer begleitenden und unterstützenden Rolle muss auch die Atemtherapeutin fähig sein, dem Anderen ein solch verlässliches Gegenüber zu sein. Sie muss als Person spürbar und transparent sein. Wenn sie die Menschen, die zu ihr kommen, mit offenen Augen und von Herzen anschaut, schenkt sie ihnen Raum, sich so zu zeigen und damit auch so zu erfahren wie sie sind: Sich verstecken dürfen und – wenn Vertrauen entsteht – sich zeigen und sich anschauen lassen als die, die sie sind, ihre Phantasien von sich und vom Gegenüber überprüfen dürfen und auch darin angenommen und ggf. korrigiert werden. Immer wieder in den stillen Raum eingeladen werden, in dem sich alle Aufregungen besänftigen können.

Nicht mehr, aber auch nicht weniger. Um dies zu ermöglichen braucht der zwischenmenschliche kommunikative Raum neben den Fähigkeiten zur Wahrnehmung und Stille eine eigene Aufmerksamkeit. So wie wir es immer wieder neu wagen, uns selbst anzuschauen, so müssen wir auch die Bereitschaft und Fähigkeit lernen, den Anderen wirklich zu sehen und von diesem wirklich gesehen zu werden. Dieses Wagnis kann je nach Persönlichkeitsstruktur oder Biographie ganz erhebliche Ängste auslösen, die uns dazu verleiten könnten, sicherheitshalber immer weiter in uns selbst hineinzuschauen und bestenfalls eine Öffnung in einen sehr ungefähren – aber eben nicht mit konkreten Menschen gefüllten – zwischenmenschlichen Raum zu wagen. Diese Gefahr teilt die Atemtherapie mit allen anderen – zunächst auf das einzelne Individuum bezogenen – Entfaltungswegen. Kommunikation kann sich dann zwar entfalten über den Austausch von Selbsterfahrungen, aber all unseren Ängsten, Wünschen, Erwartungen und Grenzen, wer wir füreinander sind und was wir ineinander sehen, können wir ausweichen. Doch damit weichen wir auch der Möglichkeit aus, zwischenmenschliche, und daraus folgend auch wieder neue innere Räume zu öffnen, die unser persönliches Menschsein und das menschliche Miteinander zu einer Quelle gegenseitiger und in die Welt hineinströmender Liebe und schöpferischer Gestaltung werden lassen. Nur im unmittelbaren menschlichen Kontakt können unsere Ängste, Projektionen, Wünsche und Vorstellungen ihr wahres Gesicht zeigen. Nur hier können wir sie an der mitmenschlichen Realität überprüfen und vielleicht andere Erfahrungen machen, als wir sie kennen und erwartet haben.

Vom Weg der Atembegegnung her können uns für den Aufbau stimmiger Kontakte einige Fähigkeiten unterstützen, so z. B. das immer wirklichkeitsgetreuere Hören und Sehen und die Geduld, der Mut und die Präzision, ganz nah an dem zu bleiben, worum es geht – ohne Idealisierungen, Verurteilungen und Deutungen. Sich mit der unverzierten Wirklichkeit zu verbinden, ihr nicht auszuweichen und alles in den Raum der Stille einzuladen, was uns von uns und vom Anderen entgegenkommt, kann innere und äußere Türen öffnen, die uns bisher verschlossen schienen. Aber nicht immer kann dies bei uns selbst und bei denen, die wir begleiten, mit atemtherapeutischen Möglichkeiten alleine geschehen. Manchmal brauchen wir die Hilfe von Menschen und Methoden, welche mitmenschliche Kommunikation so differenziert erforscht haben, wie die Atemarbeit die innermenschlichen Verbindungen und Korrespondenzen.

Bei allen verbalen Klärungen und Hilfestellungen ist es innerhalb des atembegleitenden Rahmens allerdings wichtig, immer wieder in diesen zurückzufinden. Dies bedeutet für die Therapeutin die nicht leichte Aufgabe, sich einerseits dem Leben der Patientin als Ganzes mit offenen Ohren und Herzen zuzuwenden und deren Mitteilungs- und Klärungsbedarf nicht abzuwehren oder gar abzuwerten, aber andererseits sich nicht auf der verbalen Ebene zu verstricken. Dies ist nur möglich, wenn die Atemtherapeutin gelernt hat, auch in einem Gespräch ihren persönlichen stillen Raum nicht zu verlieren bzw. wieder in ihn zurückkehren zu können. Diese Kunst gehört für die meisten von uns zu den lebenslangen Lernprozessen. Sie setzt voraus, dass der Kopf nicht mehr nur ein Instrument des Denkens, sondern in das gesamtkörperliche Gewahrsein integriert ist. So können wir das Abenteuer des Lauschens auf uns und den Anderen wagen und dabei lernen zu vertrauen, dass uns Intuition und Herzensweisheit die der Situation und dem Gegenüber angemessenen Worte, Blicke und Gesten schenken.

Der Atem weht, wo er will

Doch auch, wenn wir alles gelernt hätten, was es therapeutisch zu lernen gäbe, müssten wir Grenzen unseres Tuns und Nichttuns akzeptieren lernen. Manchmal gibt es nichts zu tun und nichts zu hoffen. Wir können nur weglaufen oder still und mitfühlend da bleiben. Die Vorstellung, dass Menschen alles heilen können, was verwundet ist, wenn sie nur die richtige Methode anwenden, entlarvt sich für jede, die sich auf den Weg der Heilung und Selbstfindung begibt und für jede, die Andere auf diesem Weg begleitet, als Illusion. Zu tief haben sich Lebens- und Überlebensmuster oft eingegraben.

Manchmal ist es nur möglich, ein wenig Milde mit sich selbst zu ermöglichen und die Behinderung bzw. Verhinderung aus ihrer Isolation zu befreien, indem ihr durch ein lichtes und gleichzeitig dichtes körper-seelisches Verbindungsnetz Weite und Beziehung ermöglicht wird. Indem sich über Stille, Annahme und innerpersönlichen und zwischenmenschlichen Beziehungsaufbau Atemräume öffnen können, kommt eine Daseinsqualität ins Spiel, die dem persönlichen Leben einen grundlegend anderen Klang geben kann. Angst, Unsicherheit oder Schuldkomplexe sind vielleicht immer noch da. Aber um sie herum ist eine Empfindungs- und Gefühlsqualität erfahrbar geworden, die das, was uns belastet und verhindert, auf längere Sicht hin vielleicht abschmelzen kann.

Auf seine ihm eigene Weise kann der innere seelische Atem in seiner ganzen Zartheit und Zärtlichkeit dem geschenkt werden, der nichts mehr zu verlieren hat, und dies nicht nur in einer Atemtherapie. Da, wo Menschen keine Mittel und keine Wege zur Verfügung haben, um mit materiellen Mitteln, Prestige oder Mauern aus Wörtern die eigene Bedürftigkeit und die eigenen Wunden vor sich und anderen zu verbergen, kann etwas ins Spiel, ins Leben oder in die Mitte des Todes hinein geboren werden, was so zart und sanft ist, dass unsere Alltagsaugen es kaum wahrnehmen können. Da wo wir – und sei es nur für Momente – aufhören, gegen uns und andere zu kämpfen, da, wo wir unserer Entschuldigungen und Rechtfertigungen müde geworden sind, da, wo uns nicht mal mehr Hoffnung oder Sehnsucht bleiben, da, wo wir an unserem seelischen, körperlichen oder sozialen Schmerz nicht mehr vorbei können und uns kein Ausweg bleibt, als zu erstarren oder ihn atmend und schluckend in uns hineinzunehmen und gleichzeitig uns hinein fallen zu lassen, kann es sein, dass wir auf seinem Grund in eine große Stille tauchen. Wie Irmgard Lauscher-Koch einmal sagte: „Im Auge des Sturms ist es ganz still". Der Schmerz ist immer noch der Schmerz, die Angst immer noch die Angst und die Scham immer noch die Scham. Doch die Milde mit uns selbst, die uns plötzlich geschenkt wurde, hat die Quelle des seelischen Atems ins Fließen gebracht und uns für sein Strömen geöffnet und unser Leben zart oder wild oder beides erblühen lassen. Diese Wunder des Lebens können immer und überall geschehen – nach langer Atemtherapieausbildung genauso wie den Ärmsten der Armen irgendwo auf der Welt oder direkt vor unserer Türe. Manchmal geschehen sie ohne Hilfe von außen im Herz eines Betroffenen, manchmal durch einen liebevollen persönlichen Blick, manchmal durch unmittelbare Hilfe, manchmal auch durch therapeutische Unterstützung …

Atem im Leben und Sterben

Atem im Leben

Der lebendige seelische Atem ist der Stoff, aus dem das Leben genährt wird. Aber genauso nährt sich der Atem aus dem Stoff, der das Leben ist. Vielleicht gilt dies für jede meditative, transformierende und religiöse Praxis: Alles, was wir in einen klinischen Raum einsperren, bleibt eine Freizeitbeschäftigung unter anderen, gerinnt zur kurzfristigen Selbstbefriedigung und vermag keine verwandelnde Kraft für mich selbst und die Welt, in der und mit der ich lebe, zu entfalten. Was nützt Wahrnehmungsschulung, wenn ich nicht lerne, die Menschen, Tiere, Pflanzen und alles, was lebt immer klarer und liebevoller wahrzunehmen? Was nützt innere Stille während des atemtherapeutischen Sitzens, wenn ich atemlos durch mein alltägliches Leben hetze? Was nützt das Erlernen nichtwertender Wahrnehmung meiner selbst, wenn ich im Alltag in Konflikten sofort ins Rechten und Richten falle? Zweifellos ist es ein langer Prozess der Näherung und zeitweiser Verschmelzung von spezieller Praxis und alltäglicher Atempräsenz. Irmgard Lauscher-Koch wies auf „diese lange Trennung von Erleben auf dem Atemhocker und in der Welt" hin. „Es braucht unendliches Sitzen, bis man so im Inneren Atem ist, dass man dies in die Welt bringen kann. … So langsam ist der Innere Atem für mich wie ein Geliebter und ich werde bald 71"(Irmgard Lauscher-Koch).[29] Sowohl als Methode wie auch als Ziel ist das Zueinanderfinden und Sich-befruchten von Atempraxis und Alltag elementar. Unser Erleben in der speziellen Atempraxis kann zum Gradmesser für die Stimmigkeit unseres Lebens werden und die Art und Weise, wie wir unser Leben leben, zum Spiegel dessen, wie uns Atemberührungen verwandeln oder nicht verwandeln.

Atem als persönlicher Spiegel: Finden, wer ich bin

Wenn ich davon ausgehe, dass wir über den inneren Atem unserer Seele begegnen können, dann kann uns aufmerksame Atemerfahrung sagen, wo und wie wir im Moment mit unserem tiefen Wesen verbunden sind, was diesen Kontakt behindert oder sogar verhindert, was uns ruft, was wahrgenommen und erlöst werden will und was unser nächster persönlicher Schritt im Leben ist. Vieles, was wir im Körper finden, hat eine sehr unmittelbare Entsprechung in unserem Alltagsleben. Die Begegnung mit dem seelischen Atem kann uns die Fixierung

---

29 Irmgard Lauscher- Koch, in: Werkstattnotizen M. G. 2005

auf Bilder und Vorstellungen, die wir uns von uns selbst gemacht bzw. uns zu eigen gemacht haben, bewusst werden lassen und Freiheitsräume öffnen, in denen wir uns neu sehen können.

Bewusste Atembegegnungsstunden können Zeiten sein, in denen wir unsere Brille putzen, ihre Stärke überprüfen und Verkrümmungen an die Wirklichkeit anpassen. Sie sind wie eine Sehschule oder ein wirksames Augentraining, in welchem erschlaffte Muskeln wieder straff werden. Das, was wir dann sehen können, kann nur wenig oder sehr viel abweichen von unserer bisherigen Sichtweise. Die sich ergebenden Lebenskorrekturen können in Quantität und Qualität sehr unterschiedlich sein. Für die Eine führen sie zu grundlegenden beruflichen und persönlichen Veränderungen, für die Andere ist es eine für Außenstehende kaum oder nicht wahrnehmbare neue Färbung, in der wir uns selbst und die uns umgebende Welt sehen. „Gemeint ist immer ein Sich-kennenlernen, ein Sich-erfahren, und zwar in einer Schicht, wo es verpflichtet" (Cornelis Veening).[30] Dabei ist Verpflichtung, so wie sie Veening versteht, gewiss nicht als Gehorsamspflicht gegenüber einer äußeren Norm gemeint, sondern als Treue gegenüber dem Ruf der eigenen Seele und des persönlichen Lebensweges, der sich aus ihrer Berührung zeigt.

Aus diesem Berührt-Sein heraus, verbunden mit der Aufrichtung der Persönlichkeit aus ihrem tiefen Grund, können sich unterschiedliche Lebensimpulse entwickeln: ein neues Einverständnis mit den eigenen Lebensbedingungen, die Kraft zu einer längst überfälligen Veränderung, ein Sich-zur-Verfügung-stellen für eine langfristige Lebensaufgabe, eine größere Bereitschaft für das Wagnis, ins Offene zu gehen – immer nur die Stimmigkeit des nächsten Schrittes erfahrend. Das zu tun oder nicht zu tun, was dem gegenwärtigen persönlichen Sein entspricht, ist meist nicht leicht zu sehen. Berührungen mit dem inneren seelischen Atem können uns zu Ortsbestimmungen, zu Wegzeichen und zu Reiseführern werden. Unser Körper als der Ort der Atembegegnung kann viel weniger gut lügen als die Gedanken und Vorstellungen, die wir von uns haben. Nur die Wahrheit kann uns befreien und zu der werden lassen, die wir sind.

---

30 Cornelis Veening, in: Das Bewirkende, s. o.

Krankheit und Gesundheit im Atem

„Das Ziel ist der Mensch selbst, die Entfaltung seiner Möglichkeiten und die Bekanntschaft mit seinen Kräften. Gemeint ist sowohl bei kranken als auch bei gesunden Menschen die Arbeit an ihrer inneren Entwicklung"
(Cornelis Veening)[31]

Körperliche Begrenzungen, Behinderungen und Krankheiten, die ein Mensch in die Atemwegbegleitung mitbringt, werden wahr- und ernstgenommen. Eine Fokussierung darauf findet aber nicht statt – eher im Gegenteil. Kommt jemand mit körperlichen Auffälligkeiten, z. B. Herzschmerzen oder dauernden Kopfschmerzen, so muss normalerweise eine ärztliche Diagnose erfolgt sein oder noch erfolgen, damit keine dringend zu behandelnde Krankheit übersehen wird. Eine vorschnelle Psychologisierung sollte vermieden und die Sprache des Körpers als solche akzeptiert werden. Eine kausale psychologische Zuordnung ist selten hilfreich. Das Symptom wird gesehen und in ein größeres Ganzes hineingenommen, indem das Atemkörpergeschehen in seiner Vielfalt erlebt wird und der Mensch, der unsere Hilfe sucht, mit sich persönlich immer mehr in Kontakt kommt. Entweder geschieht „die Heilung dieser Leiden … am Rande"(Cornelis Veening)[32] oder der Mensch lernt, mit seiner Krankheit zu leben und sich trotz ihr, neben ihr und mit ihr persönlich weiter zu entwickeln. Dies kann vor allem für das Leben mit einer chronischen Erkrankung von Bedeutung sein: „Die Arbeit (mit dem Inneren Atem) hat mir Vertrauen in die tragenden Kräfte gegeben. Sie hat ein leib-seelisches Klima geschaffen, in dem der Erkrankung die Spitze genommen ist … Die Krankheit ist hinein genommen ins lebendige leibliche Atemweben. Beachtet, geachtet und angenommen muss die Krankheit nicht im Vordergrund stehen, sondern sie steht im Hintergrund, wo sie auf mich aufpasst. Ich habe sie in den Hintergrund genommen, sie integriert"(Dorothea Thomas).[33]

„Wir erleben fast immer in der Arbeit, dass der Patient Abstand gewinnt von seiner Krankheit und lernt, sich von ihr zu unterscheiden"(Cornelis Veening).[34] Letzteres kann psychologisch verstanden, aber auch sehr körperlich fühlbar werden, z. B. dann, wenn der physische Atem vor einer Atemtherapie auf Grund einer schweren Krankheit sehr eng, flach und kurz war. Die Kontaktaufnahme mit dem inneren seelischen Atem, der unseren ganzen Körper leben-

---

31 s. o.
32 s. o.
33 Dorothea Thomas, Der heilsamen Erfahrung folgen, S. 25
34 Cornelis Veening, in: Vortrag für Heilpraktiker, s. o.

dig macht, kann dann sehr entlastend sein. „In dem Maß, wie der innere Atem sich ausbreitet, wird der äußere Atem stiller. Wenn der Organismus umschalten kann auf den Atem der Zellen, braucht er viel weniger Sauerstoff. Der eingeengte Zustrom reicht, um alle Zellen zu versorgen" (Irmela Halstenbach).[35]

Die Berührung mit dem inneren seelischen Atem kann Wege weisen, mit einer schweren Krankheit zu leben, dem Leben neue Tiefe und Orientierung geben und manchmal unerwartete körperliche Verbesserungen bewirken. „Es ist eine bewegende Erfahrung: Auch das Versehrte kann heil sein! Wenn ich das Verletzte einbinde in meine Beziehung zum Ganzen, ist es in einer tiefen Schicht gemeint. Es kann sich in seinem Wesen oder auch im Stoff verwandeln. In Erfahrung und Wissen, das wieder dem Versehrten zuströmt und dem Bewusstsein"(Dorothea Thomas).[36] Der Blick auf sich selbst kann auch in und mit einer Krankheit neu und überraschend werden. Im Prozess der Personwerdung können Fragen und Probleme auftauchen, die bisher nicht gesehen wurden und Lösungen sich zeigen, die ebenfalls nicht im Blick waren. Wenn an einem Ort körperliche Beschwerden auftauchen, so ist es sogar meist so, dass in der Atembehandlung zunächst Räume geweckt und gestärkt werden, die sich bisher außerhalb des Zentrums der Aufmerksamkeit befanden. Möglichkeiten und Grenzen können neu ausgelotet werden. Ob krank oder gesund, entdeckt der eine Mensch Kräfte und Fähigkeiten, die er nie für möglich gehalten hätte, der andere lernt das Sein im Kleinen und Stillen zu lieben – vielleicht zunächst als Notwendigkeit und dann als freiwillig gewählte Qualität.

Manchmal geschieht in der dem Atemweg eigenen Stille körperliche Heilung. Organe können aufatmen und wieder mit Leben erfüllt werden oder eine zu schwere Last wird von ihnen genommen, weil ein anderer Körperraum in die Aufmerksamkeit und in den Atemfluss findet. Die Berührung mit dem immer neugeborenen Lebensatem kann das Mitschwingen mit körperlichen Umwandlungs- und Alterungsprozessen ermöglichen. Wenn wir einmal erfahren haben, dass unabhängig von äußeren Umständen und körperlichen Bedingungen plötzlich die Frische des Frühlings in uns atmen kann, dann wird es leichter, uns immer neu dem Leben hinzugeben. Es gibt keine Lebensphase, in der es nicht hilfreich sein kann, der Atembegegnung Raum und Zeit zu schenken – sowohl in schwerster Krankheit und anderer Belastung bzw. Herausforderung wie auch in energetischen Hoch-Zeiten, in denen wir wie Hans im Glück durchs Leben ziehen.

35 Irmela Halstenbach: Atemwege im Unbewussten
36 Dorothea Thomas: Der heilsamen Erfahrung folgen, S. 24

„Wir wissen nicht, was Heilung für den Anderen bedeutet"(Irmgard Lauscher-Koch). Vielleicht wird in dieser Weisheit die wichtigste Grundhaltung eines Menschen, der sich dem Anderen als Begleiter zur Verfügung stellt, auf den Punkt gebracht. Unsere Vorstellungen von uns und vom Anderen und die Vorstellungen derer, die wir begleiten, sind geprägt von Wünschen, Wollen und Sehnen. Das ist zutiefst menschlich. Letztlich wissen wir aber nicht, was das Leben mit uns vorhat und wohin es uns führt. Wir können nur immer mehr lernen, zu lauschen, wer wir sind, wer wir in der Welt sind, wie in uns und um uns Verwandlung geschieht und wie wir uns in diese einschwingen können. In dieser Hingabe an den Klang, den Geschmack, die Farben, die Formen und die Bewegungen des Lebens werden Heilung und schöpferisches Sein geboren, wie auch immer sie sich konkret gestalten mögen.

Atem im Sterben

„Ein wiederkehrendes Atemerlebnis
Beobachtung – Atembeobachtung
Ruhen alle Glieder, erfahre ich eine wundervolle Lebendigkeit.
Es singt die Schöpfung in mir,
während meine Knochen ewig ruhen.
Es ist ein Bild,
dass die höchste Ruhe und die höchste Bewegungsfreiheit fasst.
Wie kommt es zu diesem Erleben?
Wenn das Motorische zurückgenommen ist,
das Gesetz der Schwerkraft beachtet,
erst dann kann sich die zelluläre Energie äußern.
Die Organe, aus allen Absichten entlassen,
fangen an, meine persönliche Melodie zurückzumelden.
Der Schöpfungseinklang ist wie ein großer Chor,
wo viele Organismen Begeisterung äußern,
das Fest einer neuen Bewusstseinsgeburt"

Irmgard Lauscher-Koch im Frühling 2007[37]

Diesen lyrischen Text schrieb Irmgard Lauscher-Koch schwer erkrankt ein halbes Jahr vor ihrem Tod. Sie hatte längst eine Grenze überschritten, nach der es den Wunsch nach körperlicher Heilung nicht mehr gibt, weil sich bereits ein Raum

---

37 Gespräch M. Geue mit Irmgard Lauscher-Koch, März 2007

geöffnet hat, in dem es nicht mehr um Leben oder Tod geht, sondern jeder Tag mit seinen Leiden und Freuden neu geboren wird und am Abend wieder stirbt. Die in Jahrzehnten errungenen und geschenkten Weisheiten aus Atem und Stille waren in ihrem geschwächten Körper lebendig und ihre Augen schauten jeden, der zu ihr kam in der ihr eigenen persönlichen Zuwendung wach an. Sie hatte gelernt, von Moment zu Moment mit dem sein zu können, was ihr begegnete. „Die Gewissheit, dass wir sterblich sind, ist gut, wach zu halten. Also habe ich mich immer, wenn Ängste auftauchten, auf den Jetztzustand besonnen – wie fühle ich mich, wo sitzt das Unbehagen und der Schmerz – und dann habe ich ihn freundlich umfangen … Denn, wenn ich mich einlasse, und immer wieder ist es ein Angang und immer wieder neu, stündlich und minütlich wieder neu, dann begreife ich mit jeder Zelle, was es heißt Leerheit, das einfach in der Leerheit der Schmerz und die Krankheit nicht mehr existieren, dass Klarheit und Leerheit untrennbar sind oder Leerheit und Liebe untrennbar … Das scheint mir also das Wichtigste, dass ich so sehr verstehen lernen durfte, dass jeder Moment der Erfahrung unendlich kostbar ist und dass es nicht um Sterben und Tod geht, sondern nur darum, sich immer wieder jedem Moment zu stellen und … hellwach zu sein."[38] Der Weg, sich vom inneren seelischen Atem berühren zu lassen, ist ein Weg unter anderen Wegen, um offen und empfänglich zu werden für das, was mit uns geschieht. Es kann ein sehr hilfreicher Weg sein, das Leben und das Sterben zu lernen. Die Einübung in die Wahrnehmung und das stille Sein im Augenblick kann uns mit Wirklichkeiten in Berührung bringen, die jenseits von Raum und Zeit lebendig sind. Nach einem intensiven und nicht immer leichten Leben war Irmgard Lauscher-Koch in aller Müdigkeit viel Neugier und Forschergeist geblieben. Diese bezogen sich dann auch darauf, was mit ihr in Todesnähe geschah und was dies über die geistigen Ressourcen von Menschen in Grenzsituationen aussagt: „Grenzerfahrungen sind das, wo wir am meisten herausgefordert sind und wo sich am meisten wandeln/transformieren kann. Krankheit, wenn es eine Krankheit ist, die zum Tode führt, entzieht uns ja jeden Boden, und jede Sicherheit kommt abhanden. Das ist schon mal gut, weil wir dann merken, dass alles sich in ständiger Veränderung befindet und dass die Sicherheit eine absolut eingebildete ist und etwas, was wir andauernd versuchen herzustellen, aber was überhaupt keine Substanz hat."[39]

In fast allen menschlichen Grenzerfahrungen (z. B. psychische und physische individuelle Bedingungen, schwer zu überwindende Mauern zwischen Menschen, wirtschaftliche, politische und ökologische Gegebenheiten) können wir

38 Interview mit Yesche Udo Regel mit I. Lauscher-Koch am 15.7.2007
39 s. o.

wenigstens die Illusion aufrechterhalten, dass wir bekommen, was wir wollen. Je nach Persönlichkeit können wir mit Zorn, Duldung, Kämpfen, Angst, Hoffnung und schöpferischer Gestaltung reagieren. Das können wir zwar auch alles im Angesicht des Todes versuchen, aber für jeden gibt es einen Punkt im Leben, an dem ihm unausweichlich die nackte Wirklichkeit des Todes entgegenkommt – völlig unabhängig von seinem eigenen Wollen, Wünschen, Sehnen. Dies kann der eigene Tod sein oder der eines nahen Menschen. Und zu manchen Zeiten sind es viele nahe Menschen, die wir hintereinander ins Sterben begleiten müssen. Für mich war es der Zeitraum, in dem nach und nach dieses Buch entstanden ist. Es geschieht dann einfach mit uns – manchmal nahe an den tiefsten Quellen unserer Kreativität.

Wir können nichts bzw. nichts mehr tun, was die Beendigung unserer irdischen Existenz oder derer, mit denen unser persönliches Leben eng verwoben ist, verhindern oder rückgängig machen könnte. Ich habe alte Menschen erlebt oder von ihnen erzählen gehört, die dem Ende ihres irdischen Lebens erstaunlich gelassen oder sogar freudig entgegensahen. Doch bei vielen schwerkranken Menschen – vor allem jüngeren – und denen, die sie lieben, bewirkt Todesgefahr und Todesnähe zunächst Angst, Verzweiflung, Ohnmacht und unsäglichen Schmerz.

Wie dennoch weiterleben und weiterlieben, damit nicht sinnlos wird, was sinnvoll war, damit die Liebe in der Sorge nicht erstickt und wir lebendig bleiben auch im Angesicht des Todes, weil diese Art von Tod und kein anderer zu dem Menschen gehört, den ich liebe? Wie kann vielleicht sogar Segen erfahrbar werden in dem, was uns so weh tut? Wie uns verwandeln lassen von der Wirklichkeit, die uns entgegenkommt? Die tastenden Antworten, die ich zu geben versuche, beanspruchen keinerlei Allgemeingültigkeit. Denn nichts ist gerade im Sterben und in Trauer wichtiger, als die persönlichen Gefühle so zu akzeptieren wie sie sind. Ganz mit sich selbst sein und mit dem, den ich liebe. Sich zu keiner Stärke verpflichten und zu keiner Schwäche. Schwach sein dürfen und stark sein dürfen. Weinen, Schreien und Stillwerden. Hoffen, Träumen und Resignieren. Rebellieren gegen ärztliche Todesurteile und gegen den Tod überhaupt. Je nach Persönlichkeit und zu ihrer Zeit den Aufstand oder die Hingabe wagen. Die Sterbezimmer zu Lebenszimmern gestalten und Krankenhäuser zu Orten liebender Begegnung. Die Schönheit des Anderen finden und genießen, auch wenn die Augen den Tod schon erspähen könnten. Die Atmosphäre und den unverwechselbaren Duft des Geliebten einatmen und seine unverwechselbare Ausstrahlung mit wachen Händen empfangen. Das Lachen nicht verweigern, wo auch immer eine Alltagsfreude, eine Zwischenraumfreude, eine Trotzdemfreude oder eine andere Verrücktheit mit unserem Zwerchfell spielt. Mit persönlichen Farben und Klängen Wärme und Schönheit verbreiten und Zärtlichkeit in den Händen erblühen lassen. So mag die Liebe weiter wachsen – bis über den Tod hinaus.

Lebendig sind und werden wir im Leben und im Sterben, wenn wir uns hinein träumen und hinein schwingen in den Prozess der Verwandlung, der Heilung und der Transformation, in dem der Segen von Himmel und Erde in uns wirken kann. „Der Raum, aus dem Heilung kommt, ist der gleiche Raum, aus dem auch das Sterben kommt." Dieser Satz formte sich in mir und prägte das kommende Geschehen, als immer deutlicher wurde, dass es körperliche Heilung für meinen Mann nicht mehr geben würde. Da das Beten und das Sich-öffnen für Heilung die seelische Heilung und Transformation immer mitmeinte bzw. sie vor allem meinte, war fast unmerklich dieser offene Raum, in dem alles sein darf, fühlbar geworden. Es hatten sich in uns und um uns Räume geöffnet, in welchen alles seinen Frieden findet und in denen alles möglich scheint – auch das, was wir Wunder nennen. „Dem Wunder leise wie einem Vogel die Hand hinhalten" sagt Hilde Domin in einem ihrer Gedichte. Dafür brauchen wir lauschende Ohren und ein offenes Herz und die Fähigkeit, unser Hoffen und Wünschen zu besänftigen. Wir müssen den Tod nicht akzeptieren, wenn wir dies nicht können. Aber wenn wir unsere Sinne immer wieder der Gegenwart öffnen, können Wunder geschehen, die unser Denken sich nicht erträumen konnte. Angesichts des Todes kann es die leibhaftige, im Körper und im Raum fühlbare, Erfahrung sein, dass das Leben im Sterben nicht aufhört, sondern sich auf eine tiefere, weitere und innigere Weise verwandelt und Heilung geschieht, die im irdischen Leben nicht möglich war. Die Berührung und die immer tiefergehende Vereinigung, d. h. Kommunion, mit dem inneren seelischen Atem kann im Sterbenden und in denen, die ihn lieben und begleiten, dazu beitragen, diesen Raum zu öffnen, der in uns, zwischen uns, hinter uns und über uns wie ein zartduftendes lichtes Blumenmeer erblühen kann. In den Stunden, in denen mein Mann im Sterben lag und wir immer noch auf ein Wunder hofften, umhüllte uns im Raum ein Friede, wie ich ihn nie zuvor empfunden hatte. Ein Zustand, in dem Hoffnung und Sich-Ergeben auf eine eigentümliche Weise eins waren. Dieser feine, lichte Raum, der Geborgenheit und Weite zugleich schenkt, und aus dem alles geboren wird und in den alles hineinstirbt, ist gleichzeitig in uns und um uns – ohne räumliche Begrenzung. Es ist der große Atemraum, in dem alles, was wir waren, sind und werden, zur Ruhe kommt und die große Stille, die keiner Worte mehr bedarf.

Leben und Lieben über den Tod hinaus

Der Tod der Geliebten

Er wusste nur vom Tod, was alle wissen:
dass er uns nimmt und in das Stumme stößt.
Als aber sie, nicht von ihm fortgerissen,
nein, leis aus seinen Augen ausgelöst,

hinüberglitt zu unbekannten Schatten
und als er fühlte, dass sie drüben nun
wie einen Mond ihr Mädchenlächeln hatten
und ihre Weise wohlzutun:

da wurden ihm die Toten so bekannt,
als wäre er durch sie mit einem jeden
ganz nah verwandt; er ließ die andern reden

und glaubte nicht und nannte jenes Land
das gutgelegene, das immersüße –
Und tastete es ab für ihre Füße.

Rainer Maria Rilke

Die Verbindung mit allem, was lebt – auf Erden und im Himmel – kann auch die Trauer für die, denen ein naher geliebter Mensch gestorben ist, mit Leben erfüllen. So kann Atemmeditation und individuelle Atemtherapie auch für Menschen, die vorher damit nicht in Kontakt waren, als Trauerbegleitung eine hilfreiche Stütze und Bereicherung sein. Wenn nicht – aus biographischen oder aus der Sterbesituation erklärbaren Gründen – ein Schockzustand im Hinterbliebenen ausgelöst wurde, kann die Erfahrung des Sterbens als solches eine leibseelische Öffnung bewirken, welche geradezu danach ruft, sich im Atem erfahren und entfalten zu können. Wurde bereits vor dem Tod eines nahen Menschen eine längere Wegstrecke in der Erfahrung des inneren seelischen Atems gemacht, so wird dies kaum ohne stabilisierende, lebendig machende und verwandelnde Wirkung sein. Dies beginnt damit, dass die Anwesenheitskraft, welche der Atem und die seelisch durchwebte Körperlichkeit ermöglicht, Krankheit und Sterben in großer Dichte und Unmittelbarkeit erfahren lässt –

66

einschließlich Angst, Hoffnung, Verzweiflung und Liebe. So können in Situationen von Ohnmacht Gestaltungs- und Liebeskräfte freigesetzt werden, welche dem, was geschieht, immer wieder in einer sehr persönlichen Atmosphäre Atem geben. Dies ermöglicht allen Beteiligten, gegenwärtig und lebendig zu bleiben.

Der Schmerz um den Tod eines Geliebten, eines Kindes oder eines Elternteils kann wie ein kaum erträgliches loderndes Feuer sein. Schock, blindes Funktionieren und Depression sind mehr als verständlich. Die Gefahr dabei ist, dass wir mit dem Schmerz auch die liebende Verbindung und die Kraft, die daraus erwächst, verlieren. Körperlich-seelische Anwesenheit, wie sie u. a. in der Atembegegnung bewirkt wird, kann helfen, auch starkem seelischen Schmerz immer wieder Erde, Weite und Raum zu geben, und in Verzweiflung entstehende panische Verengungen sanft zu lösen und ihnen Beziehung im Inneren oder auch nach Außen zu ermöglichen. Wenn Körper und Atem gelernt haben, in ihrem Eigenleben sein zu dürfen, können wir von ihnen Botschaften empfangen, die nicht auf dem Boden ängstlicher oder verwirrter Emotionen gewachsen sind. So überraschten mich in Zeiten von Angst, Ausweglosigkeit und Überforderung immer wieder meine Beine. Sobald ich aufstand und ging, fühlte ich ihre verlässliche Kraft, Klarheit und Lebendigkeit. Die Beine schienen so gar nicht zu meinen Emotionen zu passen und durchströmten mich doch mit der ihnen eigenen Qualität und trugen immer wieder dazu bei, verhärtete Emotionen gleichsam abzuschmelzen und das der Situation jeweils Angemessene zu tun. Sie beschenkten mich mit der Erfahrung einer persönlichen Daseinskraft, die mir nicht verloren geht und die mich immer wieder findet, was auch geschieht. Dies trug dazu bei, dass der Trennungsschmerz getragen war und somit erfahrbar bleiben konnte und als das erlebbar, was er ja eigentlich ist: Das andere Gesicht der Liebe. Im Körper erfahrbar als die transformierende Kraft des Feuers, die fähig ist, die Liebe wie einen Diamanten zu schleifen zu etwas, was für immer in uns leuchtet.

In der Atembegegnung lernen wir, uns immer wieder neu dem Moment anzuvertrauen, nichts zu fixieren und Verwandlung geschehen zu lassen. Dies hilft, in der Situation des Todes den verständlichen und verzweifelten, aber doch aussichtslosen Reflex des Klammerns zu besänftigen. Dann können wir uns manchmal dem Unbekannten öffnen und uns mit hinein geben in diesen den geliebten Menschen verwandelnden Prozess, der auch uns verwandeln will. Wo immer uns dies – vielleicht wie ein Geschenk – möglich ist, bleibt das Leben auch im Angesicht des Todes lebendig oder bekommt sogar einen neuen Klang, der dann entsteht, wenn Todesstarre überwunden wird und Leben fließen kann.

Eine Hilfe, angesichts des Sterbens nicht in tödliche Stagnation zu fallen, indem wir versuchen, den Fluss des Lebens anzuhalten, kann die Wahrnehmungsfähigkeit sein, welche uns auf dem Atemweg geschenkt wird. Es wird dann leichter, die Augen zu öffnen für das, was in uns und um uns lebt. Die lebendige Gegenwart bekommt in der Begegnung mit dem seelischen Atem ein immer größeres Gewicht. So können den Minuten oder Stunden des Erschreckens und des Schmerzes plötzlich Momente des wachen Interesses, der liebenden Wahrnehmung und des Mitgefühls folgen. Die Buntheit und Vielfalt des Lebens macht – wenn wir sie wahrnehmen können – die tiefste Trauer lebendig und lässt sie zu einem Tor neuer Erfahrungen werden. Manchmal kann uns dann die Unabänderlichkeit des Todes hinein gebären in seelische Räume, denen wir uns bisher nur zögernd näherten.

Die Daseinsqualität dieser Räume kann uns tröstend und verwandelnd berühren, wo es nichts mehr zu tun und nichts mehr zu hoffen gibt und wir auch nicht mehr so tun, als ob es dies gäbe. Vielleicht ist dies nur möglich, wenn wir gelernt haben, uns vor den Zwischenräumen und Zwischenzeiten der Leere, in denen sich augenscheinlich nichts ereignet, nicht mehr zu erschrecken. Wenn wir erfahren durften, atmend nichts als da zu sein, kann es mitten im Zentrum des Schmerzes und der Trauer plötzlich sehr still werden. Wenn wir uns in diese Stille hinein atmen und hinein horchen und ihr Raum in uns geben, dann kann aus einer kleinen Stille manchmal eine große Stille werden. Diese große Stille ist, was sie ist. Sie lässt uns die Größe des Todes ahnen und seine gleichzeitige Sanftheit. Manchmal, wenn wir uns ihr eine Weile anvertrauen, kann es geschehen, dass uns in diesem stillen Raum – zart wie der Flügelschlag eines Schmetterlings – die liebende Gegenwart dessen berührt, der uns gestorben ist.

Letztlich ist alles wirklich Bedeutende in unserem Leben ein Geschenk oder auch etwas, was uns zugemutet wird. Die Erfahrung, dass wir uns nur immer neu beschenken lassen und nichts festhalten können, kann den Reichtum unmittelbarer Gegenwart sehr lebendig erfahrbar machen. Dadurch kann Vertrauen wachsen, dass es immer wieder eine neue – wenn auch jetzt noch unbekannte – Gegenwart gibt, in der uns das Leben, der Tod und die Liebe berühren, und wir uns atmend und empfangend ins Offene wagen können – Schritt für Schritt.

Auferstehung

Manchmal stehen wir auf
Stehen wir zur Auferstehung auf
Mitten am Tag
Mit unserem lebendigen Haar
Mit unserer atmenden Haut

Nur das Gewohnte ist um uns
Keine Fata Morgana von Palmen
Mit weidenden Löwen
Und sanften Wölfen

Die Weckuhren hören nicht auf zu ticken
Ihre Leuchtzeiger löschen nicht aus

Und dennoch leicht
Und dennoch unverwundbar
Geordnet in geheimnisvoller Ordnung
Vorweggenommen in ein Haus aus Licht

Marie Luise Kaschnitz

Atem der Welt

Mit offenen Händen: Atemberührung und Religion

„Im unmittelbaren Erleben und Erfahren, in der Augenblicksaufmerksamkeit und schließlich im offenen Gewahrsein ebnet sich der Weg in die Teilhabe an der allem innewohnenden Liebe, Weisheit und Güte. Atem und die Stille, in der er keimt und reift, enthalten die Fülle des Seins, bewirken in steter Wandlung unser Dasein und Sosein. Meine kontemplative Lehrmethode wurzelt sowohl in christlicher als auch buddhistischer Religion. Wahrscheinlich ist sie jeder Religion eigen"[40]

(Irmgard Lauscher-Koch)

Als ich in einer persönlichen inneren Not zur Atemtherapie fand, erhoffte ich Leidminderung und Heilung. Ich hatte nicht erwartet, dass mir persönlich in einem langen behutsamen Prozess der Verwandlung ein Weg geschenkt würde: Ein Weg aus der Stille und in die Stille, ein kontemplativer Übungsweg und eine religiöse Wegbereitung und Vertiefung – für mich persönlich die meines christlichen Glaubens. Auf diesen werde ich mich im Folgenden meist beziehen, da ich nur von dem sprechen kann, was in mir lebt. Diese Glaubensvertiefung entfaltete sich in kontinuierlicher Arbeit, welche dem Pflügen eines Ackers und einem Entdeckungspfad durch eine unbekannte Landschaft voller Täler, Berge, Schluchten, Höhlen, Klippen, Urwälder und Lichtungen glich. Dabei lernte ich, alles, was in mir lebt und stirbt und lebendig werden will, der Erde, dem Atem, der Stille und dem Himmel anzuvertrauen. Meine tiefste Not, mein größtes Glück und meine Alltäglichkeit konnten Türen werden in die Erfahrungsräume des seelischen Atems. Die Momente, in denen wir in ihm ruhen können, stillen in der ihm eigenen zarten Weise unsere Sehnsucht und beschenken uns mit einer Haltung des Geschehen-lassen-könnens und des Empfangens.

Die Atemarbeit kann den Boden bereiten für Gotteserfahrungen, die nicht nach Gott greifen und ihn nicht besitzen wollen. Sie kann Herz und Hände öffnen für das Geschenk einer liebenden und nährenden Gegenwart, die sich uns schenken will. „Selig die reinen Herzens sind, denn sie werden Gott schauen" (Mt 5,8). In diesem religiösen Sinne hilft Atemberührung, unser persönliches körperlich-seelisches Gefäß von Vorstellungen, Überhöhungen und Ehrgeizen

---

40 I. Lauscher Koch: Kontemplative Psychologie als Hintergrund und Methode. Beitrag zu einem Treffen von Veening-Atemtherapeuten im Februar 2007

zu reinigen. Wenn wir einmal erfahren haben, auch in Bedrückung, Verunsicherung und Angst im Atem still werden zu können, dann wissen wir, dass es einen Ort gibt, an den wir immer zurückkehren können. Um zu diesem Ort zu kommen, müssen wir keine kostspielige Reise machen und brauchen keinen Meister, Guru oder Wunderheiler zu suchen. Meist benötigen wir für unterschiedlich lange Zeit Unterstützung von im Atemweg erfahrenen Menschen und immer wieder, wenn wir uns zu weit von unserer Mitte entfernt haben. Die Bedürftigkeit nach Geschwisterlichkeit von Menschen, die an unserer Seite gehen und mit denen wir uns austauschen und ergänzen können, kann und darf uns nicht verloren gehen. Aber es befreit unseren Geist und unsere Herzen, um die Atemräume in uns selbst zu wissen, in denen lebendige Stille uns jeden Tag neu geboren wird. Hier dürfen wir sein, die wir sind, in allem angenommen und sanft beruhigt – als wären wir Kinder in der Wiege Gottes, der „seine Sonne aufgehen (lässt) über Bösen und Guten, und regnen (lässt) über Gerechte und Ungerechte" (Mt. 5,45).

In Atemtherapie und Atemmeditation kann uns unser ursprüngliches Kindsein zurückgeschenkt werden und damit auch die Augen für die Schönheit und Würde der Kleinen und Unscheinbaren. Es ist meist ein langer Weg, bis wir wieder glauben können, dass der Himmel – die Wirklichkeit hinter unserer tiefsten Sehnsucht – einem „Senfkorn (gleicht), das ein Mann auf seinen Acker säte. Es ist das kleinste von allen Samenkörnern; sobald es aber hoch gewachsen ist, ist es größer als die anderen Gewächse und wird zu einem Baum, so dass die Vögel des Himmels kommen und in seinen Zweigen nisten" (Mt. 13,31f). Wir müssen nicht nach den Sternen greifen, sondern können unzählige kleine Sterne in uns selbst lebendig werden lassen, in denen sich göttliche Wirklichkeit spiegeln und in die Welt hinein strahlen kann. Menschen werden nicht geboren, um sich zu Göttern zu machen, sondern Gott ist Mensch geworden und wird immer wieder Mensch, indem er den Ärmsten der Armen nahe ist und jeden Menschen in seiner ganz persönlichen Armut, Bedürftigkeit, Sehnsucht und Schönheit berührt. Die Heilung, die der Atem schenken kann, geschieht nicht über zunehmende Vergeistigung, sondern über eine immer tiefer gehende Menschwerdung. Mitten in unserem menschliches Sehnen, Wünschen, Lieben und Trauern, mitten in Hoffnung oder Verzweiflung kann im Stillwerden und in Berührung mit dem seelischen Atem bis hinein in die kleinste Zelle ein neuer lebendiger Geist geboren werden, in dem die Urkräfte der Erde sich vereinen mit dem Segen des Himmels.

Ein ruhender Verstand und wache Sinne für diesen Gnadenstrom prägen die ersehnte und gelebte Haltung von Vertrauen und Hingabe, in welcher die Mystiker aller Religionen und aller Zeiten beteten. „In deine Hände leg ich voll Vertrauen meinen Geist" (Ps. 31) ist ein Satz aus der hebräischen Bibel, der auch zum Nachtgebet christlicher Kirchen gehört. Für mich war er lange Zeit wie ein Mantra – eine Hilfe, um Verstand und Willen zu besänftigen. „Alles Bemühen sausen lassen" sagte Irmgard Lauscher-Koch immer wieder in ihren Seminaren. So wie sie dies sagte, war spürbar, wie wenig selbstverständlich genau dies ist. Dass der größte Schatz, den wir in unserem Leben finden können, so schlicht und unmittelbar für uns da ist, scheint gegen den Strich gebürstet zu allem, wie wir gewohnt sind zu leben und zu arbeiten. Vielleicht halten wir zu viel in unseren Händen fest, um sie zum Empfangen weit genug öffnen zu können. Dem Mädchen im Märchen von den Sterntalern war nach dem Tod seiner Eltern nichts auf Erden mehr geblieben, nachdem es noch sein letztes Brot und sein Hemdchen an bedürftige Menschen abgegeben hatte, die ihm auf seinem Weg begegneten. Dann, als es ganz nackt und seine Hände ganz leer waren, wurden die Sterne ihm zu einem Regen aus goldenen Talern und es erhielt ein Hemd aus wunderschönem Leinen. „Bittet und euch wird gegeben. ... Wenn nun schon ihr ... euren Kindern gebt, was sie brauchen, wie viel mehr wird der Vater im Himmel den Heiligen Geist denen geben, die ihn darum bitten" (Lk. 11,9 u. 13). Diese und ähnliche Botschaften bedurften auch zur Zeit Jesu der häufigen Wiederholung, um die Herzen der Menschen für ihre Wirklichkeit zu öffnen – einer Wirklichkeit, die auf den Wegen mit dem inneren seelischen Atem immer wieder erfahrbar werden kann.

Diesem liebevollen Hintergrund vertraute sich nach den Berichten von Weggefährten auch Cornelis Veening in seiner Begleitung von Menschen an. Er ließ sich neben psychologischen Erkenntnissen bereits in den Dreißiger Jahren von östlichen Weisheitsquellen befruchten. Über der Behandlungsliege in seinem Therapieraum hing neben der chinesischen Gewebetafel „Nei Ying Tu" ein Kreuz, das er immer wieder anschaute. Um seinen Hals trug er ein Medaillon, in welchem das Vater-Unser eingraviert war. Für diese so stille und doch so wirksame Liebeskraft, aus der heraus er sich den Menschen, die zu ihm kamen, zur Verfügung stellte und ihnen Raum zur Heilung und Entfaltung schenken konnte, fand er wenige Worte. Religiöse Erfahrungen, in denen wir persönlich und gemeinsam als Menschen- und Gotteskinder berührt werden, können uns Nähe zu uns selbst und zum Nächsten und Fernsten ermöglichen. Die Augen der Liebe, die uns anschauen, je mehr wir es wagen, uns unverhüllt anschauen zu lassen, öffnen unsere Augen für das Du im Anderen, dem wir begegnen und Raum schenken können. „Ein religiöser Bezug ist für Atemtherapeuten hilfreich, um das Leid, was uns entgegenkommt, aushalten zu können. Die eigene Stille, auch das eigene Gebet überträgt sich in der Behandlung" (Irmgard

Lauscher-Koch).[41] Wir brauchen vor der Not unserer Mitmenschen, die wir im Atem begleiten, nicht zurückzuweichen, wenn sich unser persönlicher Atem aus Quellen speist, aus denen das Wasser des Lebens im Überfluss strömt.

Die wortlose Stille und Güte des Herzens, wie sie in der Atembegegnung berührbar wird und sich entfaltet, kann öffnen für die verbalen und bildhaften Zeugnisse und Weisheiten der Religionen. Sie kann unsere Bereitschaft vergrößern, uns in ihre Traditionen, Riten und Gebetsströme hinein zu geben. Nach meiner persönlichen Erfahrung kann der Atemweg Hände, Herz und alle Sinne öffnen für die Schätze, welche in den Weltreligionen geborgen sind. Wir können in Berührung kommen mit dem, was atmet und lebt in den alten, vertrauten und einfachen Worten und Formen. Im Religiösen ist es nur selten ein Mehr und ein Anderes, was wir brauchen, sondern eine Erhellung, Vertiefung und Ausbreitung des Vertrauten in uns selbst und in den Gemeinschaften von Glaubenden. Wenn etwas Neues in Menschen geboren werden will, dann kann dieses in uns ruhen, sich nähren und entfalten im tiefen Grund unserer Atemstille, bis seine Zeit gekommen ist.

Wahrhaftige und heilende Worte oder Riten, die unsere Seelen berühren, können auch unseren persönlichen Atem spontan befreien, unseren Hintergrund mit Leben erfüllen und uns Raum und Weite schenken. Die Mystiker aller Religionen machten ihre Erfahrungen – selbst in einer Einsiedelei – nicht ohne die Einbindung in große Gemeinschaften. Doch Feindschaften gegenüber Andersgläubigen waren ihnen fast immer fremd. Sie berührten in ihrer Stille und ihrem vertieften Schauen den unendlichen Lebens- und Liebesraum, der alle Religionen verbindet und deren Früchte mitmenschliche Güte und Erbarmen sind. Eine solche Religiosität lässt uns atmen im großen Atemstrom, der Himmel und Erde verbindet. Die in ihr geborene Geschwisterlichkeit bewegt zur Mitverantwortung für eine Erde, auf der das Leben blühen darf und in der alle Menschen in Würde leben können.

---

41 Gespräch mit M. Geue am 12.3.2007

Ein persönlicher Regenbogen:
Atemerfahrung und Weltverantwortung

Wie ein Regenbogen
Ankommen
in der Seele meines Körpers
mit allen Sinnen
wahrnehmen was in uns lebt
* zart berühren das Verborgene*
die Atemseele wecken
und lebendig werden
von Kopf bis Fuß
Schritte ins Unbekannte wagen
im Spiel der Atemweisheit
schöpferisch die Welt bewegen

Ich habe den Weg der Begegnung mit dem inneren seelischen Atem als eine Inkarnation dessen erlebt, was ich jahrzehntelange geglaubt und gesucht hatte und wozu ganz wesentlich auch der Glaube an die Heilkraft der Gewaltfreiheit im Kleinen wie im Großen gehörte. Als Jugendliche und junge Erwachsene war ich erschüttert, wie viel Leid Menschen ihren Mitmenschen zufügen können und wie achtlos sie oft am Leid der Anderen vorübergehen. Zugleich bewegte mich nichts so sehr wie der Glaube daran, dass es in jedem Menschen etwas Gutes zu entdecken gibt und darum kein Mensch das Recht hat, sich zum Richter des Anderen zu machen – bis hin durch die Todesstrafe. Mitgefühl, Toleranz und Erbarmen waren mir schon sehr früh die einzig logische Antwort auf die inneren und äußeren Nöte der Menschen. Im Engagement gegen Unrecht aus der Kraft der Gewaltfreiheit – welche die Herzen der Menschen berühren und auf diese Weise Unrecht und Gewalt überwinden möchte – konnte ich diese inneren Bewegungen mit Gleichgesinnten in politisches Handeln umsetzen. Tief ergriffen war ich viele Jahre lang von der Spiritualität und den lebendigen Berichten und Zeugnissen von Hildegard Goss-Mayr und Jean Goss, welche in vielen Teilen der Welt Menschen dazu ermutigten und sie darin ausbildeten, aus der Kraft der Gerechtigkeit, der Wahrheit und der Liebe das Unrecht, das ihnen begegnete, zu überwinden. Doch schon früh bewegte mich die Frage: Wie müssen wir sein und wie können wir so werden, dass wir Unrecht beim Namen nennen und Herzen berühren können? Ich selbst fand mein Herz – trotz meines christlichen Glaubens – viel weniger offen, als es für ein solches Engagement nötig gewesen wäre. Und ich machte die Erfahrung, dass ich – bewegt und beseelt von Veranstaltungen und Aktionen – nicht zu mir und meinem persönlichen Leben zurück*fand*, sondern auf mich zurück*fiel* – mit all meinen inneren Verkrampfungen, denen ich hilflos gegenüberstand.

Jahrelang hatte mich ein Buch von Dorothy Day begleitet mit dem sprechenden Titel „Ich konnte nicht vorüber". Dorothy Day, die 1897 geboren wurde und 1980 starb, war Mitgründerin der Catholic Worker-Bewegung in den USA und der ersten Houses of Hospitality, wo Obdachlose täglich essen und mit leben konnten. Sie initiierte Friedensinitiativen, besaß persönlich nur das absolut Notwendige und war erfüllt von tiefer Spiritualität, in der sie immer wieder ihr Herz für Andere nährte. Ich habe sie nie persönlich kennen gelernt, doch sie berührte meine Seele. Denn auch ich konnte nicht vorüber an meinem Gefühl der Mitverantwortung für eine Welt, in der alle Menschen in Würde leben können. Ich glaubte und glaube wie sie, dass Gottes Liebe in uns leben und in die Welt hinein wirken will. „Ich kann nicht vorüber, doch ich kann auch an mir nicht vorüber". Dieser letzte Satz kam mir viele Jahre immer wieder in den Sinn. Irgendwann konnte und wollte ich die Rufe aus meinem Inneren nicht mehr überhören.

Der Weg zu mir selbst und mit mir selbst begann mit einer tiefenpsychologisch orientierten Gestalttherapie, in der ich im Umgang mit mir zum ersten Mal das lernte, was doch meine wesentliche Grundhaltung war: Ich konnte mich endlich anschauen, wie ich bin und nicht, wie ich sein sollte, und ich lernte, mir mit Mitgefühl zu begegnen. In dieser Zeit entdeckte ich nicht nur, wo ich tief im Inneren verletzt war, sondern auch das, was mir Lust und Freude bereitete, z. B. Tanzen, Theaterspielen und kreatives Schreiben. Dieser damals begonnene Weg setzte sich dann vertiefend in persönlichkeitsorientierter Bewegungsentwicklung und in der Atemtherapie fort. Finden, wer ich bin und mich und andere von Herzen lieben lernen: Wie lange? Wie ausschließlich? Cornelis Veening zitiert zu diesem Thema aus einer indischen Geschichte: „Eine gute Tat, die getan wird, um Gottes Auge gefällig zu machen, verwandelt sich in die bittere Frucht des Verlangens … Mitleid kann die, die noch nicht unterscheiden können, absolut auf den falschen Weg bringen … Das Gute kann ebenso wie das Schlechte eine Seele ersticken"(Cornelis Veening).[42] Doch manchmal fragte ich mich, ob es nicht auch ein menschlicher Weg sein kann, sich mit allen eigenen Unvollkommenheiten und Verkrümmungen dem Dienst für Gerechtigkeit und Frieden zur Verfügung zu stellen. Wie sicher muss ich in mir ruhen, damit mich

42 C. Veening: Das Bewirkende…

das Engagement für Andere nicht wegreißt von mir selbst, sondern ich mich den Anderen geben kann, ohne mich dabei zu verlieren? Auch wenn ich mich in der Überschrift dieses Kapitels auf Atemerfahrung beziehe und um der Lebendigkeit willen von mir selbst schreibe, so ist das Beschriebene doch etwas, was viele Menschen erleben, und betrifft alle religiösen und nichtreligiösen persönlichen Suchbewegungen.

Wir können an uns nicht vorüber und wir können und dürfen an unseren Mitmenschen nicht vorüber gehen. Wo immer in der Welt und in der Geschichte einzelne Menschen und Gemeinschaften diese Einsicht gewannen, konnten sie ihre persönliche Heilsbedürftigkeit akzeptieren, ließen sich zugleich von der Not ihrer Mitmenschen berühren und folgten ihrem inneren Ruf nach Gerechtigkeit und Frieden. Sie änderten nicht nur äußere Strukturen, sondern bewirkten durch ihr Zeugnis, dass sich innere Haltungen in Menschen verwandeln und Wunden heilen konnten. Gewaltfreiheit, Güte und Mitgefühl werden uns zwar als Möglichkeit, aber keineswegs als verschnürtes und gesichertes Paket in die Wiege gelegt, sondern wollen immer wieder neu gefunden werden, damit sie von Herzen kommen.

Der kontemplative Atemweg kann – wie alle Wege, die sich liebevoll dem eigenen Gewordensein zuwenden und zugleich Türen zu lebendiger Stille öffnen – ein Weg sein, uns selbst und unseren Mitmenschen mit Sanftmut zu begegnen und zugleich aufrecht und kraftvoll für Gerechtigkeit und Frieden einzustehen. Wenn wir wissen, dass wir nicht nur mit unseren begrenzten Kräften wirken müssen, sondern – in Geschwisterlichkeit mit allen Menschen – auf den Segen des Himmels und der Erde vertrauen können, kann uns dies zu einer handelnden Anwesenheitskraft befähigen, bei der die eine Hand nicht mehr weiß was die andere tut, weil Tun und Nichttun im natürlichen Rhythmus von Geben und Empfangen aufgehen. Der Weg ins offene Gewahrsein, von dem Irmgard Lauscher-Koch spricht, kann für politisch und sozial engagierte Menschen ein Weg sein, aus einer immer klareren Wahrnehmung heraus in schlichter Selbstverständlichkeit in der ihnen gemäßen Weise das Nötige zu tun. Die Räume der Stille, die der Atem webt, können im Engagement nach Außen ein Zuhause sein, in dem wir uns mit den Quellen unserer Liebe und Kraft immer wieder verbinden können. Sie können uns Rückbindung geben, aus welcher wir mit aufrechtem Gang und langem Atem auf unsere Ziele zugehen können, aber in einer Weise, welche niemandes Atem bedrängt. Denn nur in dem so entstehenden Freiraum können Liebe und Hand in Hand mit ihr der ganze Reichtum menschlicher Phantasie sich entfalten und in vielleicht ungeahnten Lösungen fruchtbar werden. „Danos un corazón, fuerte para luchar. Danos un corazón, grande para amar" (Gib uns ein Herz, stark genug zum Kämpfen, groß genug zum Lieben) ist ein Lied aus den gewaltlosen lateinamerikanischen Befreiungsbewegungen, das vom Zusammenspiel von Kräften singt, welche Schritte hin zu einer geschwisterlichen Welt ermöglichen.

Die Berührung mit den menschlichen Wirklichkeiten in der Welt und eine von Herzen kommende Antwort kann den inneren Bewegungen klare äußere Bezüge geben. Diese Antwort kann ihre Leuchtkraft in allen Regenbogenfarben und – nicht weniger wirksam – in ihren Zwischentönen entfalten: von mitfühlender Stille und vom Gebet bis hin zu öffentlichen gewaltfreien Aktionen z. B. für Menschenrechte. Die Menschwerdung göttlicher Liebe geschieht nicht nur in einzelnen Menschen, sondern genauso in ihren Gemeinschaften und Strukturen. Der persönliche Atem kann weit und groß werden, wenn er sich mit dem Atem der Welt verbindet.

Zur Geschichte der Veening®-Atemarbeit – Biographisches zu Cornelis Veening, Herta Grun und Irmgard Lauscher-Koch

Bettina von Waldthausen[43]

Cornelis Veening

Cornelis Veening wurde 1895 in Groningen in Holland geboren und starb 1976 in Sils Maria in der Schweiz. Inspiriert von westlicher Tiefenpsychologie und östlichen Körperlehren, die er aus der eigenen Erfahrung im schöpferischen Umgang mit dem Atem zu einer fruchtbaren neuen Synthese verband, schuf er in den 30er und 40er Jahren des letzten Jahrhunderts eine eigene Atemlehre, in der sich die Wurzeln tiefenpsychologischer und transpersonaler Körperpsychotherapie von heute wiederfinden lassen.

Über Veenings biografische Daten ist wenig bekannt. Sein Weg führte ihn in den 20er Jahren nach Berlin, wo er sich zunächst als Sänger ausbilden ließ. Der Atem war ihm also bereits vertraut, als er 1930 dem Arzt und C. G. Jung-Schüler G. R. Heyer in Berlin begegnete. Daraus entwickelte sich im Lauf der Jahre ein für beide Seiten inspirierender Gedanken- und Arbeitsaustausch, der einen entscheidenden Anteil an der Entwicklung von Veenings späterer Atem-Arbeit hatte, insbesondere an ihrer tiefenpsychologischen Seite. Aber auch die Auseinandersetzung mit asiatischem Kultur- und Geistesgut fiel in diese Zeit. Eine wichtige Quelle der Inspiration war für Veening 1933 sein Besuch auf der Eranos-Tagung in Ascona, wo sich Geisteswissenschaftler aus ganz Europa wie C. G. Jung, Heinrich Zimmer, Erwin Rousselle und andere trafen, um in Vorträgen und Diskussionen eine intensive Auseinandersetzung mit östlichen Meditationspraktiken, ihrer Kultur und Wissenschaft zu pflegen. Aus den wenigen schriftlichen Unterlagen, die Veening hinterlassen hat, weiß man, dass

---

43 Bettina v. Waldthausen, geb. 1942 in Würzburg, ist Heilpraktikerin und Veening®-Atemtherapeutin. In ihrem ersten Beruf als Fotografin arbeitete sie u. a. für den Filmemacher Werner Herzog. Sie war mit dem Veening-Schüler und Komponisten Florian Fricke (gest. 2001) verheiratet. Ihre erste Atemlehrerin war Elly Meyer-Denninghoff. 1970 begegnet sie Cornelis Veening. Nach seinem Tod setzt sie die Ausbildung bei Herta Grun fort. Bettina von Waldthausen lebt und arbeitet heute in München. Seit 1981 gibt sie die Veening®-Atemarbeit in Therapie und seit 1999 in Fortbildungen weiter. Bevor Irmgard Lauscher-Koch starb, beauftragte sie Bettina von Waldthausen mit der Fortführung ihrer Lehrwerkstatt für Kontemplative Atemarbeit.

ihn der Vortrag von E. Rousselle zur seelischen Führung im Taoismus und über die taoistische Atem- und Gewebetafeln nachhaltig inspiriert hat. Auffällig ist jedoch, daß Veening trotz seiner Kenntnis und seinem Interesse für östliche Körper- und Weisheitslehren in seiner eigenen Arbeit niemals Anleihen bei anderen Kulturen suchte. In seinen Wurzeln und seiner Atemsprache blieb er dem europäisch-christlichem Kulturraum verbunden. Der „Innere Christus" war ihm lebendige Erfahrung.

Später verließ Veening Berlin und lehrte an verschiedenen Orten in Deutschland, in der Schweiz und in Griechenland. Anfang der 60er Jahre bezog er einen festen Wohnsitz in Scheeveningen, seiner alten holländischen Heimat. Jedoch gab er das Reisen und das Lehren an den unterschiedlichen Plätzen auch im fortgeschrittenen Alter nicht auf. Er unterrichtete bis zum letzten Tag.

Cornelis Veening hat die von ihm hinterlassene Atemlehre nirgends niedergeschrieben. Für ihn entstand sie immer neu aus dem schöpferischen Moment des Augenblicks und einer tiefen Verbundenheit mit den eigenen Wurzeln und der lebendigen Erfahrung von Körperseele und Geist. Vor seinem Tod übergab Veening die Leitung seines Arbeitskreises an Herta Grun, die diesen von 1975 an weiterführte und die Arbeit weiterentwickelte. Heute gibt es dank der beiden Veening®-Lehrwerkstätten von Irmela Halstenbach für tiefenpsychologische Atemarbeit und von Irmgard Lauscher-Koch für Kontemplative Atemarbeit eine neue Generation gut ausgebildeter Veening®-Therapeutinnen, welche die Arbeit weitergeben.

Herta Grun

Herta Grun wurde 1902 in Graz/Österreich geboren und starb am 17. September 2007 in Hamburg. 1924 begann sie in Berlin eine Ausbildung in tänzerischer Gymnastik an der Medau-Schule, zu deren Unterrichtsfeldern auch Atem- und Stimmschulung nach Schlaffhorst-Anderson gehörte. Nach der Ausbildung arbeitete Herta Grun zunächst einige Jahre als Atem- und Stimmlehrerin. Sehr rasch erkannte sie die enge Verbindung von sprachlichen und seelischen Störungen. Aus diesem Grund schrieb sie sich als Gasthörerin am Berliner Psychoanalytischen Institut ein und begann eine Analyse bei einer Heyer-Schülerin, die sie eines Tages mit Cornelis Veening bekannt machte..

Herta Grun gehörte ebenso wie Margarethe Mhe und Elly Meier-Denninghoff zu dem aus neun Mitgliedern bestehenden ersten Berliner Arbeitskreis, in dem Veening seine Atemarbeit entwickelte und erprobte. Man traf sich regelmäßig zu Einzelstunden, Gruppenarbeit und Gesprächen in Veenings Wohnung, hoch über den Dächern von Berlin und in den Räumen des Kaiser Wilhelm-

Instituts. Später wurden Grun, Mhe und Meier-Denninghoff Mitarbeiterinnen von Veening. Nach Kriegsende arbeitete Herta Grun mehrere Jahre zusammen mit Veening in der Kirchhoff-Schauspielschule in Berlin.1954 verließ sie Berlin und zog nach Köln, wo sie 25 Jahre lang als Werktherapeutin im ärztlichen Dienst einer großen Firma arbeitete. Parallel dazu gab sie weiterhin Einzelstunden und Gruppen in Atemarbeit und blieb stets in engem Kontakt mit Veening. Mit der Zeit bildete sich in Köln ein wachsender Arbeits- und Schülerkreis um Herta Grun, zu dem auch Irmgard Lauscher-Koch gehörte. 1979 zog Herta Grun nach Waldmatt, einem kleinen idyllischen Ort im Badischen. Hier gab sie der Veening-Arbeit ein neues Zentrum und entwickelte sie im „Waldmatter Kreis" weiter, in-dem sie der schöpferischen Kraft und inneren Fülle der Arbeit in der Vermittlung nach außen Klarheit und Struktur hinzufügte.

Irmgard Lauscher-Koch

Wir trafen uns zum ersten Mal im Haus der „Atemtherapeutischen Gemein-schaft" in Oberammergau im Rahmen der dort regelmäßig stattfindenden Atemwoche. Die Atemtherapeutische Gemeinschaft war 1978 als Gruppen-initiative von Elke Prägert, einer langjährigen Veeningschülerin gegründet worden, und das Haus war ein lebendiger Treffpunkt für Atemarbeit, Rund-gespräche und schöpferisches Werken Hier begann meine Freundschaft mit Irmgard Lauscher-Koch und unser langjähriger Arbeitsaustausch. Mehr als dreißig Jahre sind seitdem vergangen. Spanne ich den Bogen zwischen unserer ersten und unser letzten Begegnung im Sommer 2007, so erscheint mir Irm-gards Lebensweg getragen und gereinigt von den Wirk- Kräften des Inneren Atems und gebündelt wie in einem Prisma, durch das die unendliche Vielfalt der Farben hindurchscheint.
Geboren wurde Irmgard am 8.9.1933 in Münster in Westfalen. Mit 22 Jahren heiratete sie und brachte in 7 Jahren 5 Kinder zur Welt. Um dem Alltagsleben in der Familie zu entkommen, wie sie sagte, schrieb sie sich zwischen 1966 und 1976 zum Psychologiestudium an der Universität Köln bei Prof. Wilhelm Salber ein, der dort Charakterkunde lehrte. „Seine morphologische Denkwei-se regte mich endlich zum eigenen Denken an" sagte sie einmal dazu. Nach einer kurzen ersten Atem-Begegnung mit der ehemaligen Veening-Schülerin Wiltraud Kroth trifft sie im Winter 1974 ihre zukünftige Atem-Lehrmeisterin Herta Grun. Ein langjähriger Atem- und Erfahrungsweg beginnt. „Die Ganz-heitlichkeit der Selbst-Wahrnehmung und die tiefe Schicht des geistigen Hin-tergrunds dieser Arbeit ließen mich nicht mehr los", sagt Irmgard über diese erste Begegnung. Parallel dazu beginnt sie mit dem Studium und Praktizieren

des Mahajana-Buddhismus, dem sie bis zu ihrem Lebensende verbunden ist. Gleichzeitig bleibt sie ihrer katholisch-christlichen Herkunft treu. Das stellt für sie keinen Widerspruch dar, da sie im Innersten Gott in allen Religionen sieht. Auf Grund ihrer Erfahrungen vertieft und entfaltet sie später vor allem die kontemplativen Aspekte der Veening®-Atemarbeit, die sie in Therapie und als Ausbildung in der von ihr gegründeten Veening® Atem-Lehrwerkstatt Irmgard Lauscher-Koch weitergibt. Sie starb 2007 an ihrem Geburtstag.

Literatur

Waldmatter Kreis (Hrsg.): Texte aus Erinnerung an Cornelis Veening anlässlich seines 100. Geburtstages am 15.1.1995 – eine Sammlung aus den Jahren 1943 bis heute

Irmgard Lauscher-Koch: Gewahrseinspraxis und Lehre – ein kontemplativer Übungsweg, Köln 2008. In diesem Buch werden die meisten der von mir zitierten, bisher unveröffentlichten Artikel von I. Lauscher-Koch publiziert. (Erscheint April 2008)

Irmela Halstenbach: Atemholen aus der Tiefe, Wuppertal 2008. In diesem Buch sind u. a. alle hier zitierten, bisher unveröffentlichten Artikel enthalten. (Erscheint April 2008)

Irmela Halstenbach: Atemwege im Unbewussten – Zur tiefenpsychologischen Atemarbeit nach Cornelis Veening. Jung-Journal Heft 11/12, Köln 2004

Bettina v. Waldthausen: Atem und Psychosynthese – Eine transpersonale Atemarbeit, in: Information AFA, Heft 1/1999

Hildegard Goss-Mayr: Der Mensch vor dem Unrecht – Spiritualität und Praxis gewaltloser Befreiung, Wien 1976

Hildegard Goss-Mayr: Wie Feinde Freunde werden – mein Leben mit Jean Goss für Gewaltlosigkeit, Gerechtigkeit und Versöhnung, Freiburg/Basel/Wien 1996

Dorothy Day: Ich konnte nicht vorüber – ein Lebensbericht, Freiburg 1957

Jim Forest: Dorothy Day – Das Maß ist Liebe, Zürich 1989

Die Bibel, Einheitsübersetzung, Stuttgart 1980

Unveröffentlichte Quellen

Interviews von Irmgard Lauscher-Koch mit Herta Grun, 1996

Irmgard Lauscher-Koch: Aufsätze aus meiner Atem- und Lehrpraxis 1986 bis 1999

Irmgard Lauscher-Koch: Eine Einführung in meine Arbeit, Herta Grun gewidmet, 1985

Irmgard Lauscher-Koch: Eine Einführung in meine Atemarbeit, 1988

Irmgard Lauscher-Koch: Gewahrseinspraxis und Lehre – ein kontemplativer Übungsweg

Bettina v. Waldthausen: Der Innere Atem (Vortrag vor Studenten der Psychosynthese in Poggio del Fuoco, Italien, im August 2002)

Bettina v. Waldthausen: Der Lebensbaum des Atems – Beschreibung einer Atemarbeit nach der Lehrweise von C. Veening

Dorothea Thomas: Der heilsamen Erfahrung folgen, AFA-Diplomarbeit, Bonn 2004

Mechthild Geue: Werkstattnotizen Seminare mit Irmgard Lauscher-Koch

Mechthild Geue: Werkstatterinnerungen s. o.

Gespräch M. Geue mit I. Lauscher-Koch am 12.3.2007

Gespräch M. Geue mit I. Lauscher-Koch, März 2007, protokolliert v. Sabine Hoffmann

Interview Yesche Udo Regel mit I. Lauscher-Koch am 15.7.2007

Herzlichen Dank an

Irmgard Lauscher-Koch, die mich die Weisheit des Atems lehrte, mich erkannte in meiner körperlich-seelischen Wirklichkeit und mir half, das Verborgene ans Licht zu bringen

Renate Aring und Dorothea Thomas, die mir mit liebevoller Zuwendung in persönlicher Atemtherapie Türen in die Weite des Lebens öffneten

Bettina von Waldthausen, in deren Begleitung mir der innere seelische Atem als Spiegel meiner Lebenswirklichkeit erfahrbar wurde und die mir Mut gab, Grenzen zu überschreiten und Unbekanntem zu begegnen.

Irmela Halstenbach für Atemerfahrungen, in denen ich mich als Teil der Natur und zugleich dem Himmel geöffnet erfahren konnte

meine Ausbildungsgruppe, die mit ihrem Da-Sein Räume öffnete und mit der ganzen Fülle menschlicher Wirklichkeit erfüllte, in denen ich mich entfalten konnte

Christian Böhringer, der mit großer Geduld und wachen Sinnen meine Wege in Bewegung und Meditation seit über zwei Jahrzehnten begleitet und ermutigt hat

Christina Stelzer für die Eröffnung von persönlichen Wegen zum lebendigen und kreativen Tanz

meine Kollegin Johanna Hardt, dir mir mit Einfühlung und Kompetenz half, das Manuskript zu überarbeiten

Ursula Reichert für ihre Bereitschaft, dieses unbekannte Buch einer unbekannten Autorin zu veröffentlichen

meine Tochter Veronica Geue, die mir mit aufmerksamem Lesen, interessiertem Fragen, strukturierenden Vorschlägen und alltäglicher Hilfe die Fertigstellung der Arbeit mit ermöglichte

meinen Sohn Marco Geue, dessen vielfältige technische Unterstützung und ermutigende Worte mir halfen, meinen Gedanken und Worten Form und Gestalt zu geben

Josef Geue, mit dem ich in Liebe verbunden bleibe und der im April 2006 starb. Seit vielen Jahren zweifelte er niemals an meiner Atemtherapieausbildung. Er freute sich an ihren Früchten und würdigte sie: die sich öffnenden stillen Räume, meine lauschenden Hände und die Kreativität in Wort und Tanz. Seine Ermutigung und Stärkung nehme ich auch weiterhin wahr, wann immer ich dem inneren seelischen Atem Raum in mir gebe – als Möglichkeit einer großen Stille und als warmen Liebesstrom in allem, was lebt und ins Leben gerufen werden will.

Alle Kontaktadressen und Veröffentlichungen zur Veening®-Atemarbeit können in der Homepage der Vave (Vereinigung für Atemtherapie und Atempsychotherapie nach Veening®) gefunden werden. Die Vave ist eine Vereinigung von Menschen, die auf dem Atemweg therapeutisch, lehrend und forschend unterwegs sind.

www.veening-atem.de